Tomás de Kempis

IMITAÇÃO DE CRISTO

Tomás de Kempis

IMITAÇÃO DE CRISTO

Tradução: Padre Leonel Franca

Principis

Esta é uma publicação Principis, selo exclusivo da Ciranda Cultural.

Titulo original
Imitation of Christ

Texto
Tomás de Kempis

Tradução
Padre Leonel Franca

Preparação
Giuliano Morais

Revisão
Marcos Toledo

Produção e projeto gráfico
Ciranda Cultural

Imagens
Vectorcarrot/Shutterstock.com;
Naddya/Shutterstock.com;
Solomnikov/Shutterstock.com;

Dados Internacionais de Catalogação na Publicação (CIP) de acordo com ISBD

K32i Kempis, Tomás de
Imitação de Cristo / Tomás de Kempis ; traduzido por Padre Leonel França.
- Jandira, SP : Principis, 2019.
224 p. ; 15,50 cm x 22,60 cm. – (Clássicos religiosos)
Tradução de: Imitation of Christ

Inclui índice.
ISBN: 978-85-943-1882-4

1. Literatura cristã. I. França, Padre Leonel. II. Título. III. Série.

CDD 240
2019-1453 CDU 24

Elaborado por Odilio Hilario Moreira Junior - CRB-8/9949

Índice para catálogo sistemático:
1. Literatura cristã 240
2. Literatura cristã 24

1ª edição em 2019
www.cirandacultural.com.br

SUMÁRIO

PREFÁCIO

Nenhum livro, puramente humano, atingiu a universalidade de influência da *Imitação de Cristo*. Como nenhum outro, venceu a ação do tempo e o fastio dos homens. Há cerca de cinco séculos que nas suas páginas singelas e profundas se alimenta a piedade das gerações cristãs. E todas encontram aí a nutrição espiritual que lhes tonifica a vida interior. Pecadores e santos, almas que ainda se debatem com a violência de paixões indomadas e almas que descansam na quietude mística da união com Deus, quem há que não vá buscar na unção penetrante, doce e simples das suas palavras um aumento de luz e de força, um estímulo sempre eficaz para novas ascensões?

Que disposição interior de tristeza ou alegria, de abatimento ou entusiasmo, de tentação ou arrependimento, não experimenta, na oportunidade dos seus conselhos, a ressonância que a orienta para Deus? É que o autor desta inimitável Imitação – quem quer que tenha ele sido – foi um psicólogo profundo e uma alma de intensa vida interior. No conhecimento do coração humano desceu a estas profundezas que atingem a natureza na sua própria essência, e, portanto, em uma universalidade que se sobrepõe às contingências passageiras de uma época, de uma raça ou de uma cultura.

Imitação de Cristo foi escrito em um convento, para monges, no ambiente da civilização medieval. Mas nele fala o homem de todos os tempos e ouve-se o Evangelho que será pregado até a consumação dos séculos. Nas suas linhas fremem as nossas paixões, revivem os nossos combates interiores, gemem as nossas misérias e os nossos arrependimentos, exprimem-se, em toda a sua força, as nossas mais nobres aspirações.

A *Imitação de Cristo* já não tem data nem pátria; é um patrimônio da humanidade.

Não há, pois, maravilhar-se de que, em todas as línguas, as suas traduções se vão sucedendo em série ininterrupta. Cada geração se esforça, em novas tentativas, para dar-lhe uma expressão vernácula em que, à fidelidade ao original, se alie a espontaneidade das línguas vivas no dinamismo de suas transformações incessantes. Depois de Corneille, Lamennais julgou que havia ainda lugar para uma nova versão francesa.

Em português há, talvez, uma dezena de traduções da Imitação. Não iremos criticá-las.

Entre elas e depois delas, pedimos apenas um lugar para a nossa. E este lugar é bem definido. Não temos aspirações literárias; não iremos revestir o austero Kempis de roupagens poéticas como Afonso Celso, tampouco requintaremos, como o bacharel Ernesto Adolfo de Freitas, em arrevesar-lhe o sentido simples da frase com arcaísmos só familiares aos raríssimos leitores de Fr. Heitor Pinto ou Fr. Amador Arrais.

Diante deste livro único que encontrou como nenhum outro o segredo de falar humanamente das coisas divinas, quisemos apenas transpor-lhe o latim desataviado, em uma forma portuguesa viva, simples, diáfana, veículo fiel de um pensamento que vá direito à alma para levá-la ao conhecimento de si e elevá-la ao conhecimento de Deus. O leitor que, através dessas páginas, encontrar o caminho que o guie às profundezas da humildade ou às alturas do amor, agradeça a Deus por si e por mim, porque atingimos ambos o que só importa.

Rio, 18 de janeiro de 1944.

LIVRO I

AVISOS PARA A VIDA ESPIRITUAL

CAPÍTULO I

DA IMITAÇÃO DE CRISTO E DO DESPREZO DE TODAS AS VAIDADES DO MUNDO

1. *Aquele que me segue, não* andará em trevas (Jo 8,12). Com estas palavras exorta-nos Cristo a que lhe imitemos a vida e os costumes, se de fato queremos ser iluminados e livres de toda cegueira do coração.

Meditar na vida de Jesus seja, pois, a nossa maior solicitude.

2. A doutrina de Cristo sobreleva toda a doutrina dos Santos, e quem tiver o Espírito encontrará o maná que nela está escondido. A muitos, porém, acontece que, ouvindo amiúde o Evangelho, sentem pouco fervor porque lhes falta o espírito de Cristo. Quem quer, porém, entender e saborear toda a plenitude das palavras de Cristo deve esforçar-se por moldar nele toda a própria vida.

3. Que te aproveita discorrer profundamente sobre a Santíssima Trindade, se não és humilde e, por isso, à Trindade desagradas?

Em verdade as palavras sublimes não fazem o homem santo e justo; é a vida pura que o torna querido de Deus. Prefiro sentir compunção a saber-lhe a definição.

Se soubesses toda a Bíblia de cor e todas as máximas dos filósofos, que te aproveitaria tudo isto sem o amor e a graça de Deus?

Vaidade de vaidade! É tudo vaidade (Ecl 1,2), exceto amar a Deus e só a Ele servir.

A suprema sabedoria *consiste* em tender para o reino do Céu pelo desprezo do mundo.

4. Vaidade, pois, amontoar riquezas caducas e nelas pôr a sua confiança.

Vaidade ainda, ambicionar honras e elevar-se a altas posições.

Vaidade, seguir os apetites da carne e desejar o que mais tarde será gravemente punido.

Vaidade, desejar viver muito e descurar viver bem.

Vaidade, preocupar-se só da vida presente e não prever a futura.

Vaidade, amar o que tão vertiginosamente passa e não demandar com pressa a alegria que sempre dura.

5. Lembra-te, amiúde, daquela sentença do Sábio: *os olhos não se fartam de ver, nem os ouvidos de ouvir* (Ecl 1,8).

Aplica-te, pois, a desapegar o teu coração do amor das coisas visíveis para transportá-lo às invisíveis, porque os que se deixam levar pela própria sensualidade mancham a consciência e perdem a graça de Deus.

CAPÍTULO II

DO HUMILDE SENTIR DE SI MESMO

1. Todo homem tem o desejo natural de saber, mas que vale a ciência sem o temor de Deus?

O camponês humilde que serve a Deus está, sem dúvida, acima do filósofo soberbo, que, descuidando a sua alma, observa o curso dos astros.

Quem se conhece bem despreza-se a si mesmo e não se compraz nos louvores dos homens.

Se eu possuísse toda a ciência do mundo e não tivesse caridade, que me aproveitaria aos olhos de Deus, que me há de julgar segundo as minhas obras?

2. Modera o desejo desordenado de saber que gera muita dissipação e muito desengano.

Os que têm muita ciência gostam de ser tidos e aplaudidos por sábios.

Há muitas coisas que sabê-las, pouco ou nenhum proveito traz para a alma, e muito insensato é quem se ocupa do que não interessa à sua salvação.

Muita palavra não sacia a alma; é a vida santa que consola o coração, é a consciência pura que inspira grande confiança em Deus.

3. Quanto mais e melhor souberes, tanto mais severamente hás de ser julgado se não viveres de maneira mais santa.

Não te envaideças, pois, de qualquer arte ou ciência; teme antes pelas luzes que recebeste.

Se te parece que sabes e compreendes bem muitas coisas, tem por certo que muito mais são as que ignoras.

Não te ensoberbeças (Rm 11,20), antes confessa a tua ignorância.

Como te queres preferir a outros se tantos há mais doutos e mais versados que tu na lei de Deus?

Queres saber e aprender algo de útil? Folga em viver ignorado e ser tido por nada.

4. A ciência mais alta e mais proveitosa é o verdadeiro conhecimento e desprezo de si mesmo.

Ter-se por nada e pensar sempre bem dos outros é grande sabedoria e grande perfeição.

Se vires outrem pecar abertamente e ainda cometer faltas graves, nem por isto te deves ter por melhor, porque não sabes por quanto tempo poderás perseverar no bem. Somos todos fracos, mas a ninguém tenhas por mais fraco que tu.

CAPÍTULO III

DA DOUTRINA DA VERDADE

1. Feliz aquele a quem a Verdade por si ensina, não por figuras ou palavras que passam senão por si mesma, mostrando-se tal qual é.

Nossa razão e nossos sentidos veem pouco e muitas vezes nos enganam.

Que aproveitam estas discussões sutis de coisas ocultas e obscuras de que não seremos arguidos no juízo de Deus por as havermos ignorado? Grande insensatez é descuidarmos o que é útil e necessário para nos aplicarmos com gosto ao curioso e nocivo. Em verdade, temos olhos e não vemos.

2. Que se nos dá dos gêneros e das espécies?

De muitas opiniões se desembaraça aquele a quem fala o Verbo eterno.

Deste único Verbo procedem todas as coisas, e todas O proclamam; e Ele é o Princípio que também dentro de nós fala (Jo 8,25). Sem Ele, ninguém entende ou julga retamente.

Aquele que tudo encontra na Unidade soberana, a ela tudo refere e nela tudo vê pode ter o coração firme e descansar na paz de Deus. Oh! Verdade! Oh, Deus! Uni-me a Vós em caridade perpétua!

Enfastia-me muitas vezes ler e ouvir tanta coisa; em Vós se acha quanto quero e desejo.

Calem-se todos os doutores; emudeçam em Vossa presença as criaturas todas; falai-me Vós só!

3. Quanto maior progresso fizer cada um na unidade e simplificação interior, tanto mais numerosas e mais sublimes coisas entenderá sem esforço, porque do alto receberá a luz da inteligência.

A alma pura, simples e constante não se dissipa ainda que entenda em muitas ocupações; porque todas refere à glória de Deus e, tranquila, em coisa alguma busca a si própria.

Que há que mais te embarace e perturbe do que os afetos imortificados de teu coração?

O homem bom temente a Deus dispõe primeiro no seu interior as obras que depois há de fazer externamente; assim elas não o arrastam ao desejo de alguma inclinação viciosa, mas ele as submete ao arbítrio da reta razão.

Quem peleja com mais vigor do que aquele que trabalha por vencer a si mesmo?

Este deveria ser o nosso maior empenho: vencermo-nos a nós mesmos, tornarmo-nos cada dia mais fortes e fazermos algum progresso no bem.

4. Toda perfeição nesta vida anda mesclada de alguma imperfeição e na nossa inteligência não há luz sem sombras. O humilde conhecimento de ti mesmo é caminho que leva a Deus com mais segurança que as investigações profundas da ciência.

Não é que a ciência ou o simples conhecimento das coisas sejam condenáveis, porque em si são bons e ordenados por Deus; sempre, porém, se lhes há de preferir a boa consciência e a vida virtuosa.

Mas porque muitos se empenham mais em adquirir ciência do que em bem viver, por isso erram a cada passo e pouco ou nenhum fruto colhem do seu trabalho.

5. Oh! Se eles pusessem tanto ardor em extirpar vícios e plantar virtudes como põem em agitar questões, não se veriam tantos males e escândalos entre o povo nem tanta desordem nos mosteiros.

Por certo, no dia do Juízo não se nos perguntará o que lemos, mas o que fizemos; nem se falamos com eloquência senão se vivemos com piedade.

Dize-me: onde estão agora todos aqueles mestres e doutores que bem conheceste quando ainda viviam e floresciam nas escolas? Já outros possuem as suas prebendas e talvez nem deles se lembrem; quando vivos pareciam alguma coisa, hoje deles sequer se fala.

6. Oh! Quão depressa passa a glória do mundo! Prouvera a Deus que a vida lhes concordasse com a doutrina; teriam então lido e estudado com proveito.

Quantos perecem no mundo, entregues a uma ciência vã e descuidados do serviço de Deus! *Em seus discursos se desvaneceram* (Rm 1,21) porque antes quiseram ser grandes que humildes.

Verdadeiramente grande é quem tem grande caridade!

Verdadeiramente grande, aquele que, pequeno aos próprios olhos, em nada estima as maiores honras.

Verdadeiramente sábio, aquele que considera *todas as coisas da terra como esterco, para ganhar a Cristo* (Fl 3,8).

E verdadeiramente douto, aquele que faz a vontade de Deus e renuncia à própria.

CAPÍTULO IV

DA PRUDÊNCIA NAS AÇÕES

1. Não se deve dar crédito a qualquer palavra nem obedecer a todo impulso, mas pesar as coisas na presença de Deus com prudência e vagar.

Infelizmente, tanta é a nossa fraqueza que, muitas vezes, acreditamos e dizemos dos outros, com mais facilidade, o mal que o bem!

Mas os homens perfeitos não prestam facilmente fé a tudo o que se lhes conta porque conhecem a natureza humana, inclinada ao mal e leviana no falar.

2. Grande sabedoria é não aferrar-se ao próprio parecer.

E ainda, não crer sem discernimento tudo o que dizem os homens, tampouco encher os ouvidos alheios do que ouvimos ou cremos.

Aconselha-te com homem sábio e consciencioso; e prefere ouvir outro melhor que tu a seguir as tuas luzes.

A vida virtuosa faz ao homem sábio diante de Deus e dá-lhe muita experiência.

Quanto mais o homem for humilde e submisso a Deus, tanto maior será a sua sabedoria e serenidade.

CAPÍTULO V
DA LIÇÃO DAS SAGRADAS ESCRITURAS

1. Nas Sagradas Escrituras há de procurar-se a verdade, não a eloquência. Os livros santos devem ser lidos com o mesmo espírito com que foram ditados.

Neles devemos buscar a edificação mais que as sutilezas de linguagem.

De tão boa vontade devemos ler os livros singelos e devotos como os profundos e sublimes.

Não te embaraces com a autoridade do escritor, se foi homem de grandes ou de poucas letras; mova-te a ler o puro amor da verdade. Considera o que te dizem sem indagar quem o diz.

2. Os homens passam, mas a verdade do Senhor permanece eternamente (Sl 38,7).

Sem fazer julgamentos, Deus fala-nos de diferentes maneiras. Na lição das Escrituras prejudica-nos muitas vezes nossa curiosidade, porque pretendemos compreender e discutir o sobre que se deveria passar com simplicidade.

Se queres tirar proveito, lê com humildade, singeleza e fé, sem aspirares à reputação de grande ciência.

Interroga de bom grado e ouve, em silêncio, as palavras dos santos; nem te desagradem as sentenças dos velhos que, sem razão, não as proferem.

CAPÍTULO VI
DAS AFEIÇÕES DESORDENADAS

1. Todas as vezes que o homem deseja alguma coisa de maneira desordenada, começa a sentir-se inquieto.

O soberbo e o avarento nunca têm descanso; o pobre e o humilde de espírito vivem em muita paz.

Quem ainda não morreu perfeitamente a si mesmo é bem depressa tentado e vencido em coisas pequenas e insignificantes.

O fraco de espírito, ainda um tanto carnal e inclinado às coisas sensíveis, dificilmente pode desapegar-se de todos os desejos da terra; e por isto sente-se muitas vezes triste quando deles se priva e com facilidade se irrita se alguém o contraria.

2. Mas se alcança o que desejava, logo o oprime o remorso de consciência por haver seguido sua paixão que lhe não traz a paz que buscava.

É, com efeito, resistindo e não obedecendo às paixões, que se encontra a verdadeira paz de coração.

Paz não terá, pois, o homem carnal nem o dissipado, mas o fervoroso e espiritual.

CAPÍTULO VII

É PRECISO FUGIR DA VÃ ESPERANÇA E DO ORGULHO

1. Insensato quem coloca a sua esperança nos homens ou nas criaturas. Não te envergonhes de servir aos outros por amor de Jesus Cristo nem de parecer pobre neste mundo.

Não te apoies em ti, mas em Deus firma a tua esperança.

Faze o que está em tuas mãos e Deus ajudará tua boa vontade.

Não confies na tua ciência tampouco na indústria de nenhuma alma viva, mas na graça de Deus, que ajuda os humildes e humilha os presunçosos.

2. Não te glories nas riquezas se as tiveres, sequer nos amigos por serem poderosos, mas em Deus, que tudo nos dá e acima de tudo deseja dar-se a si mesmo.

Não te envaideças da robustez ou da formosura do corpo que a menor enfermidade quebranta e desfigura.

Não te comprazas nas tuas habilidades e talentos, para não desagradares a Deus, a quem pertencem todos os teus dons naturais.

3. Não te julgues melhor que os outros para que não sejas tido talvez como pior aos olhos de Deus, que sabe o que há no homem.

Não te ensoberbeças por tuas boas obras, porque bem diversos dos homens são os juízos de Deus, a quem desagrada muitas vezes o que aos homens agrada.

Se em ti reconheceres algum bem, pensa que são melhores os outros e assim te conservarás em humildade.

Nenhum mal há em te colocares abaixo de todos; grande mal, porém, se ainda a um só te preferires.

No coração humilde, paz contínua; no soberbo, frequente o ciúme e a irritação.

CAPÍTULO VIII

É PRECISO EVITAR FAMILIARIDADE EXCESSIVA

1. *Não abras o teu coração a qualquer homem* (Ecl 8,22), mas trata das tuas coisas com homem sábio e temente a Deus. Com os moços e pessoas de fora, conversa pouco.

Não bajules os ricos nem gostes de aparecer na presença dos poderosos.

Procura a companhia dos humildes e simples, dos piedosos e de bons costumes e com eles entretem-te das coisas edificantes.

Não tenhas familiaridade com mulher alguma, mas, em geral, encomenda a Deus todas as mulheres de virtude.

Intimidade deseja só com Deus e os Anjos; e evita ser conhecido dos homens.

2. Caridade, com todos; mas familiaridade, não convém.

Sucede, não raro, que uma pessoa, de longe, brilha com o esplendor da fama, mas, de perto, desmerece aos olhos dos que a veem.

Cuidamos, às vezes, agradar aos outros com a nossa assiduidade, mas, com isto, lhes desagradamos pelos defeitos que em nós vão descobrindo.

CAPÍTULO IX
DA OBEDIÊNCIA E SUBMISSÃO

1. Grande coisa é viver em obediência, sob a direção de um superior e não ser senhor de si.

Muito mais seguro é obedecer que mandar.

Muitos vivem em obediência mais por necessidade que por amor; e por isto andam desgostosos e murmuram com facilidade; nunca chegarão à liberdade de espírito se não se submeterem de todo coração por amor de Deus.

Para onde quer que vás não encontrarás descanso senão na humilde sujeição à autoridade superior. Muitos se têm iludido imaginando que a mudança de lugar traz melhora.

2. É verdade que cada qual gosta de seguir o próprio parecer e mais se inclina para os que pensam como ele.

Mas se Deus está conosco é necessário que algumas vezes renunciemos ao nosso modo de ver por amor da paz.

Quem é tão sábio que chegue a saber tudo perfeitamente?

Não confies, pois, demais na tua opinião, mas de bom grado ouve também a dos outros.

Se for bom o teu parecer e o deixares por amor de Deus para seguir o de outrem, terás com isto maior proveito.

3. Muitas vezes ouvi que mais seguro é tomar que dar conselho. Bem pode também suceder que seja bom o parecer de cada um; mas não querer ceder aos outros quando a razão ou as circunstâncias o pedem, sinal é de soberba teimosia.

CAPÍTULO X

QUE SE DEVE EVITAR AS PALAVRAS INÚTEIS

1. Evita quanto puderes o bulício do mundo; tratar de coisas seculares, ainda com intenção pura, traz sempre grande detrimento.

Bem depressa nos deixamos corromper e prender pela vaidade.

Tomara eu tantas vezes haver-me calado e não ter estado entre os homens!

Por que razão gostamos tanto de falar e conversar, quando, raras vezes, voltamos ao silêncio sem trazer a consciência magoada?

A razão pela qual tão de boa vontade falamos é porque nas nossas conversas procuramos consolar-nos mutuamente e queremos aliviar o coração fatigado de tantas preocupações.

E é sempre agradável falar e pensar naquilo que muito amamos e desejamos ou que nos contraria.

2. Mas, infelizmente, quase sempre em vão: esta consolação externa não é pequeno obstáculo às consolações interiores e divinas.

Importa vigiar e orar para que não passe inutilmente o tempo.

Quando for permitido ou conveniente falar, fala de coisas edificantes.

O mau costume e o descuido do nosso aproveitamento muito contribuem para o desmando da língua.

Muito, porém, aproveitam para o progresso da alma as conferências piedosas sobre assuntos espirituais, principalmente quando se reúnem no Senhor pessoas animadas das mesmas intenções e do mesmo espírito.

CAPÍTULO XI

DA PAZ E DO ZELO DA PERFEIÇÃO

1. De muita paz poderíamos gozar se não nos quiséssemos meter com as palavras e ações dos outros que não são de nossa conta.

Como poderá permanecer muito tempo em paz aquele que se intromete em negócios alheios, que procura dissipar-se nas coisas externas e dentro de si, pouco ou raras vezes, se recolhe? Bem-aventurados os simples porque terão muita paz!

2. Por que razão foram alguns santos tão perfeitos e contemplativos? Porque aplicaram-se seriamente a renunciar a todos os desejos terrenos e por isto puderam de todo o coração fixar-se em Deus e ocupar-se de si livremente.

Nós, porém, deixamos levar-nos demasiadamente pelas próprias paixões e pela solicitude das coisas que passam; raras vezes vencemos um vício perfeitamente; não nos alentamos por fazer cada dia algum progresso: por isto, ficamos sempre frouxos e tíbios.

3. Se estivéssemos inteiramente mortos a nós mesmos e menos embaraçados no nosso interior, poderíamos saborear as coisas divinas e ter alguma experiência da contemplação celestial.

O maior, o único obstáculo é que não nos desvencilhamos das paixões e concupiscências nem nos decidimos a entrar no caminho perfeito dos Santos.

Mal surge uma pequena contrariedade, deixamo-nos logo entrar em desânimo e voltamos às consolações humanas.

4. Se nos esforçássemos, como varões fortes, por perseverar na luta, sentiríamos por certo que do céu desceria sobre nós o auxílio do Senhor; Ele está pronto a ajudar os que pelejam e confiam na sua graça e não nos proporciona as ocasiões de combate senão para que alcancemos a vitória.

Se apenas nas observâncias exteriores ciframos o progresso da vida religiosa, em breve se extinguirá a nossa piedade. Levemos o machado à raiz para que, purificados das paixões, tenhamos a alma em paz.

5. Se a cada ano extirpássemos um vício, bem depressa seríamos perfeitos.

Mas o que, de fato, experimentamos é muitas vezes o contrário: fomos melhores e mais puros no princípio da nossa conversão do que após muitos anos de professo.

Todos os dias é preciso aumentar o fervor e o aproveitamento; mas, infelizmente, hoje já se tem, por muito, se alguém conserva parte do zelo primitivo.

Se no começo nos fizéssemos um pouco de violência, tudo poderíamos fazer em seguida com facilidade e alegria.

6. Custoso é deixar o costume antigo; mais custoso ainda, contrariar a vontade própria; mas se não vences o pouco e o fácil, como triunfarás do difícil?

Resiste no princípio à tua inclinação e desfaze-te do hábito mau para que, pouco a pouco, não te arraste talvez a maiores dificuldades.

Oh! Se considerasses quanta paz desfrutarias tu e quanto prazer darias aos outros levando vida regrada, estou certo de que serias mais solícito pelo teu progresso espiritual.

CAPÍTULO XII
DAS VANTAGENS DA ADVERSIDADE

1. Bom é que, de quando em quando, passemos por sofrimentos e contrariedades, porque, muitas vezes, fazem o homem entrar em si, lembrando-lhe que vive no desterro e em coisa nenhuma do mundo deve pôr a sua esperança.

Bom é que, por vezes, padeçamos contradições e de nós se não tenha boa estima, ainda quando são boas as nossas ações e intenções. Isto muito nos ajuda a ser humildes e preserva-nos da vanglória.

Quando, fora, os homens nos desprezam e desconfiam de nós, procuramos com mais cuidado ter a Deus por testemunha do nosso interior.

2. Em Deus deveria o homem de tal modo firmar-se que não precisasse mendigar tantas consolações humanas.

Quando o homem de boa vontade é atribulado, tentado ou molestado de maus pensamentos, compreende melhor que Deus lhe é necessário e sem Ele nada pode de bom.

Então se entristece, geme e ora pelas suas misérias.

Pesa-lhe, também, o viver por tanto tempo e suspira pela morte para que possa, desprender-se para estar com Cristo (Fl 1,23).

Então, ainda se persuade que segurança perfeita e paz completa não pode haver neste mundo.

CAPÍTULO XIII
DA RESISTÊNCIA ÀS TENTAÇÕES

1. Enquanto vivemos neste mundo, não podemos viver sem trabalhos e tentações.

Por isto está escrito no livro de Jó: *não é, acaso, uma luta a vida do homem sobre a terra?* (Jó 7,1)

Deve, pois, cada qual estar sempre alerta sobre as tentações que o assaltam e vigiar e orar para que o não surpreenda o demônio, que não dorme, mas *anda ao redor de vós como o leão que ruge, buscando a quem devorar* (*1Pd* 5,8).

Não há homem tão perfeito e santo que, de quando em quando, não tenha tentações; totalmente livres delas não podemos viver.

2. As tentações, porém, ainda que molestas e graves, são muitas vezes de grande utilidade para o homem; nelas se adquire humildade, pureza e experiência.

Por muitas tentações e tribulações passaram todos os Santos e com isto aproveitaram; os que não puderam resistir-lhes, sucumbiram e perderam-se.

Não há Ordem religiosa tão santa tampouco lugar tão retirado onde não haja tentações e adversidades.

3. Enquanto viver, nenhum homem estará de todo ao abrigo das tentações; porque, nascidos na concupiscência, em nós está a causa pela qual somos tentados.

Quando se vai uma tentação ou tribulação, sobrevém outra; e assim teremos sempre que sofrer, uma vez que perdemos o bem da nossa primeira felicidade.

Muitos procuram fugir às tentações e nelas caem mais gravemente.

Só com a fuga não as podemos vencer; é a paciência e a verdadeira humildade que nos tornam mais fortes que todos os inimigos.

4. Quem evita somente as ocasiões exteriores e não extirpa o mal pela raiz, pouco aproveitará; antes, mais depressa voltarão às tentações e se achará pior.

Pouco a pouco, com a ajuda de Deus, vencerás melhor, pela paciência e longanimidade, do que pela violência e azedume.

Toma conselho mais vezes na hora da tentação; e não trates com aspereza a quem é tentado; mas consola-o como desejavas que fizessem contigo.

5. A causa de todas as tentações perigosas é a inconstância e a falta de confiança em Deus. Como o navio sem leme é joguete das ondas, assim o homem remisso e pouco firme nos seus propósitos é agitado por toda sorte de tentações.

O fogo prova o ferro; a tentação, o justo. Ignoramos muitas vezes o que valemos, a tentação faz-nos ver o que somos.

Cumpre, porém, vigiar, principalmente no princípio da tentação; mais fácil então é vencer o inimigo, se lhe fechamos logo a porta da alma e lhe resistimos, apenas se apresenta fora do limiar.

Por isso disse alguém: *a talha no princípio; tarde chega o remédio se o mal, por longo tempo, fundas raízes lançou*[1].

Primeiramente, apresenta-se à alma um simples pensamento, a seguir uma imaginação viva, depois a deleitação, o movimento desordenado e o consentimento. Assim, aos poucos, força de todo a entrada o inimigo maligno a quem logo lhe não resistiu; e quanto por mais tempo for a alma entorpecendo na resistência, tanto mais fraca ela vai ficando e mais poderoso o seu adversário.

6. Uns padecem tentações mais violentas no início de sua conversão; outros, no fim; alguns, porém, são atormentados quase toda a vida; há também os que são tentados com mais brandura; assim o dispõe a sabedoria e justiça da divina Providência, que pesa o estado e os merecimentos dos homens e tudo ordena para a salvação de seus escolhidos.

7. Por isso, não devemos perder a confiança quando somos tentados, antes pedir a Deus com mais fervor que se digne ajudar-nos na tribulação, pois segundo a palavra de S. Paulo: *com a tentação ele vos dará os meios de suportá-la e sairdes dela* (1Cor 10,13).

Humilhemos, pois, as nossas almas sob a mão de Deus na tentação e na tribulação, porque os humildes de espírito, Ele os há de salvar e exaltar.

8. Nas tentações e tribulações vê-se quanto aproveitou a alma; nelas maior é o merecimento e melhor se manifesta a virtude.

Não é lá grande valor ser o homem devoto e fervoroso quando nada lhe dá pena; esperança de muito aproveitamento haverá, porém, se suporta com paciência o tempo da adversidade.

Alguns guardam-se das grandes tentações e são vencidos muitas vezes nas pequenas de cada dia, para que, humilhados, não presumam de si nas grandes ocasiões os que nas tão insignificantes fraquejam.

CAPÍTULO XIV

QUE SE HÁ DE EVITAR O JUÍZO TEMERÁRIO

1. Põe os olhos em ti e guarda-te de julgar as ações alheias. Julgando os outros, o homem trabalha em vão, erra o mais das vezes e facilmente peca; julgando e examinando a si mesmo, trabalha sempre com proveito.

Julgamos frequentemente das coisas conforme nos falam ao coração; porque o amor-próprio turva facilmente a verdade dos nossos juízos. Se Deus fosse sempre o único objeto de nossos desejos, não nos perturbaríamos tão depressa quando contrariam a nossa vontade.

2. Há, porém, muitas vezes, alguma razão oculta ou algum motivo externo que também em nós influi.

Muitos, no que fazem, buscam secretamente a si mesmos, sem o saber. Parecem também estar em perfeita paz quando as coisas lhes correm à medida dos desejos; mal, porém, lhes não sucedem à vontade, logo se perturbam e entristecem.

Por causa da diversidade de sentimentos e opiniões, nascem frequentes discórdias entre amigos e vizinhos, entre religiosos e pessoas piedosas.

3. É coisa difícil deixar um costume antigo e ninguém de boa mente renuncia a seu modo de ver.

Se confias mais em tua razão e habilidade do que na virtude que nos submete a Jesus Cristo, tarde e raras vezes terás a alma iluminada; Deus quer que a Ele nos sujeitemos perfeitamente, e, inflamados no seu amor, nos elevemos acima de toda a razão humana.

CAPÍTULO XV

DAS OBRAS QUE PROCEDEM DA CARIDADE

1. Por coisa nenhuma deste mundo, nem por amor de quem quer que seja, se deve praticar o mal.

É livre, porém, interromper uma ação boa ou substituí-la por outra melhor para prestar serviço a quem precisa; assim não se destrói a boa ação, mas transforma-se em outra de maior valor.

Sem a caridade de nada vale nenhuma obra exterior. Tudo, porém, o que dela se inspira, por pequeno e desprezível que seja, produz abundantes frutos; mais que a ação, Deus pesa a intenção.

2. Muito faz quem muito ama.

Muito faz quem faz bem. Bem faz quem serve ao interesse comum mais que à vontade própria.

O que, muitas vezes, parece caridade é concupiscência: porque, raras vezes, a inclinação natural, a vontade própria, a esperança de recompensa, o amor às comodidades deixam de influir em nossas ações.

3. Quem possui a verdadeira e perfeita caridade não busca a si em coisa alguma, mas seu único desejo é que em tudo se realize a glória de Deus.

A ninguém inveja, porque não aprecia nenhum prazer particular nem em si mesmo quer alegrar-se, mas, em Deus, acima de todos os bens, coloca a sua felicidade.

A nenhuma criatura atribui bem algum, mas tudo refere a Deus, fonte perene, donde promanam todos os bens, fim beatífico, em que descansam todos os Santos. Oh! Quem tivera uma centelha de verdadeira caridade! Como lhe pareceriam vãs todas as coisas da terra!

CAPÍTULO XVI

DA PACIÊNCIA COM OS DEFEITOS ALHEIOS

1. O que não pode o homem emendar em si ou nos outros deve suportar com paciência até que Deus disponha de outra maneira.

Considera que assim é talvez melhor para provar a tua paciência, sem a qual não são de grande peso os nossos merecimentos.

Nestas contrariedades, porém, deves pedir a Deus que se digne ajudar-te para suportá-las serenamente.

2. Se alguém, advertido uma ou duas vezes, não se emendar, não brigue com ele, mas entregue tudo a Deus, que sabe tirar o bem do mal, a fim de que se faça a sua vontade e ele seja glorificado em todos os seus servos.

Esforça-te por suportar com paciência os defeitos e fraquezas alheias; também os outros terão muito que suportar de ti.

Se não te podes tornar qual desejas, como poderás alcançar que se conformem os demais aos teus desejos?

Bem folgamos, não tenham defeitos os outros; mas os nossos, não os emendamos.

3. Queremos que se corrijam os outros com rigor, mas nós não queremos ser repreendidos; parece-nos mal a demasiada liberdade alheia, mas nós não queremos que neguem o que pedimos; gostamos que sejam os demais apertados com estatutos, mas nós não sofremos a menor proibição. Por onde se vê como é raro usarmos da mesma balança para nós e para os outros.

Se todos fossem perfeitos, como haveríamos de sofrer por amor de Deus?

4. Assim, porém, o dispôs Deus para que aprendêssemos a carregar *o fardo, uns dos outros* (Gl 6,2); porque todos têm a sua carga; não há ninguém sem defeitos, ninguém basta a si mesmo; nem é sábio o suficiente

para guiar-se; mas, reciprocamente, devemos suportar-nos e consolar-nos; devemos prestar auxílio, instrução e conselho uns aos outros.

A virtude de cada um se manifesta melhor na adversidade; a ocasião não faz o homem fraco, revela-o tal qual é.

CAPÍTULO XVII
DA VIDA MONÁSTICA

1. É importante que aprendas a dobrar-te em muitas coisas, se queres ter paz e concórdia com os outros.

Não é pouco morar em mosteiros ou comunidade, aí viver sem queixas e perseverar fielmente até a morte.

Feliz aquele que aí vive bem e acaba santamente.

Se queres conservar-te firme e crescer na virtude, considera-te como desterrado e peregrino sobre a terra.

É preciso que te tornes "louco por amor de Cristo" se queres seguir a vida religiosa.

2. De pouco valem o hábito e a tonsura; é a mudança dos costumes e a perfeita mortificação das paixões que fazem o verdadeiro religioso.

Quem procura outra coisa fora de Deus e da salvação de sua alma só achará tribulação e dor.

Não pode também viver muito tempo em paz quem não se esforça por ser o menor e o mais submisso de todos.

3. Vieste para servir, não para mandar; persuade-te que foste chamado a trabalhar e sofrer e não a descansar e palestrar.

Aqui se provam os homens como o ouro no crisol; aqui ninguém pode perseverar se de todo coração não quiser humilhar-se por amor de Deus.

Capítulo XVIII
DOS EXEMPLOS DOS SANTOS PADRES

1. Contempla os exemplos vivos dos Santos Padres nos quais resplandeceu a verdadeira perfeição da vida religiosa e verás quão pouco é e quase nada o que fazemos.

Ai! Que é nossa vida comparada com a deles?

Os Santos e amigos de Cristo serviram ao Senhor *em trabalhos e fadigas, repetidas vigílias, com fome e sede, frequentes jejuns, frio e nudez* (2Cor 11,27), em orações e santas meditações, em mil perseguições e opróbrios.

2. Oh! Quantas e quão graves tribulações padeceram os apóstolos, os mártires, os confessores, as virgens e todos os mais que quiseram seguir as pegadas de Cristo. *Odiaram as suas almas neste mundo para possuí-las na vida eterna* (Jo 12,25).

Que vida abnegada e austera levaram os Santos Padres no ermo! Que fortes e porfiadas tentações sofreram! Quantas vezes foram atormentados pelo inimigo! Que orações contínuas e fervorosas ofereceram a Deus! Que rigorosas abstinências praticaram! Que zelo, que ardor em seu aproveitamento espiritual! Que combates ríspidos para domar as próprias paixões! Que intenção pura e reta sempre dirigida para Deus!

De dia trabalhavam, e as noites passavam em oração; ainda durante o trabalho não interrompiam a oração mental.

3. Todo o tempo empregavam utilmente; pareciam-lhes curtas as horas para tratar com Deus; com a grande doçura da contemplação esqueciam até a necessária refeição do corpo.

A todas as riquezas, dignidades, honras, amigos e parentes, renunciaram; do mundo nada queriam; apenas tomavam o necessário à vida; afligiam-se de servir ao corpo ainda nas coisas necessárias.

Pobres eram em bens da terra, mas muito ricos de graças e de virtude.

No exterior faltava-lhes tudo, mas internamente eram confortados pela graça e pelas consolações divinas.

4. Alheios ao mundo, eram íntimos e familiares amigos de Deus. Por nada se tinham e o mundo os desprezava, mas eram queridos de Deus e preciosos a seus olhos.

Viviam em humildade sincera, em obediência simples, em caridade e paciência; por isso, cresciam cada dia no espírito e alcançavam muita graça diante de Deus.

São exemplo a todos os religiosos, e mais nos devem eles estimular ao progresso no bem que a multidão dos tíbios ao relaxamento.

5. Oh! Como foi grande o fervor de todos os religiosos nos primeiros tempos de seus santos institutos! Que piedade na oração! Que emulação na virtude! Que vigor na disciplina! Como florescia em todos a submissão e obediência à regra do Santo Fundador!

O que deles ainda nos fica bem atesta que foram na verdade santos e perfeitos aqueles varões que, pelejando com tanto denodo, calcaram aos pés o mundo.

Hoje já se tem em muito o religioso que não transgride a sua regra e suporta com paciência o jugo que sobre si tomou.

6. Oh! Por causa da tibieza e negligência em nosso estado, tão depressa arrefecemos do primeiro fervor; lânguidos, cansados, até o viver já nos enfada!

Praza a Deus que, tendo contemplado tantos exemplos de homens piedosos, não deixes de todo adormecer em ti o zelo de adiantar na virtude.

CAPÍTULO XIX

DOS EXERCÍCIOS DO BOM RELIGIOSO

1. A vida do bom religioso deve ser adornada de todas as virtudes, a fim de que tal seja no interior qual aparece exteriormente aos homens. E, na verdade, muito mais perfeito deve ser por dentro do que se mostra por

fora, porque Deus nos vê, e onde quer que estejamos devemos prestar-lhe profunda reverência e andar na sua presença puros como anjos.

Cumpre renovar o nosso propósito e excitar-nos ao fervor cada dia como se fosse o primeiro da nossa conversão e dizer: ajudai-me, meu Deus e Senhor, nas minhas boas resoluções e no vosso santo serviço, dai-me que comece hoje deveras, porque nada é o que até agora tenho feito.

2. A decisão do nosso propósito é a medida do nosso aproveitamento; e quem deseja progredir no bem precisa de muita diligência.

Se o que propõe com firmeza muitas vezes fraqueia, que será do que propõe poucas, ou com menos energia?

Contudo, somos infiéis às nossas resoluções, e a mais leve omissão nos nossos exercícios dificilmente deixa de causar-nos algum dano.

Os justos nos seus propósitos contam mais com a graça de Deus que com a própria sabedoria; e em tudo quanto empreendem, nele põem sempre a sua confiança.

Porque o homem propõe e Deus dispõe: e não estão nas mãos do homem os seus caminhos (Jr 10,23).

3. O exercício habitual que se omite por motivo de piedade ou para o bem de nossos irmãos poderá depois facilmente ser reparado; mas o que se deixa levianamente por tédio ou negligência é culpa séria e de consequências funestas.

Por mais que nos esforcemos, havemos de cometer muitas faltas leves.

Ainda assim deve propor-se sempre alguma coisa determinada principalmente contra o que mais impede o nosso progresso espiritual.

É importante examinar e ordenar tanto o nosso exterior quanto interior porque ambos contribuem para o nosso aproveitamento.

4. Se não te podes recolher continuamente, recolhe-te de vez em quando; ao menos uma vez ao dia; pela manhã ou à noite.

Pela manhã toma as tuas resoluções; à noite, examina as tuas ações, como te houveste hoje em palavras, obras e pensamentos; porque pode ser que nisso muitas vezes tenhas ofendido a Deus e ao próximo.

Arma-te com ânimo varonil contra as ciladas do demônio; refreia a gula e mais facilmente refrearás todas as inclinações da carne.

Nunca estejas ocioso; lê ou escreve, reza, medita ou trabalha em alguma coisa útil aos outros.

Os exercícios corporais, porém, convém fazerem-se com discrição; nem a todos convêm na mesma medida.

5. O que sai das práticas comuns não deve ostentar-se publicamente; os exercícios particulares, é mais seguro fazê-los em segredo.

Guarda-te, porém, de ser negligente para os exercícios comuns e pronto para os singulares. Mas satisfeitos inteira e fielmente os deveres prescritos, se ainda sobrar tempo, recolhe-te em ti conforme te pede e tua devoção.

Nem a todos podem aplicar-se os mesmos exercícios; a uns convêm mais estes, a outros, aqueles.

É bom também variá-los segundo os tempos; uns são mais apreciados nos dias de festa, outros nos dias úteis.

Destes necessitamos na hora da tentação, daqueles, no tempo de paz e de sossego. Certos pensamentos agradam-nos quando estamos tristes, outros, quando alegres no Senhor.

6. Nas festas principais cumpre renovar nossos exercícios de piedade e implorar com mais fervor a intercessão dos Santos. De uma solenidade para outra, façamos o propósito de viver como se tivéramos então que deixar este mundo e entrar na festa da eternidade. Por isso, devemos preparar-nos solicitamente nos tempos festivos, com uma vida mais fervorosa e uma observância mais severa das regras como se, em breve, houvéssemos de receber de Deus o prêmio do nosso trabalho.

7. E se este momento for diferido, tenhamos por certo que ainda não estamos preparados nem somos dignos desta glória imensa que a seu tempo *nos deve ser manifestada* (Rm 8,18) e esforcemo-nos por nos dispor melhor para a partida.

Feliz daquele servo, diz o evangelista S. Lucas, *que o Senhor achar procedendo assim, quando vier! Em verdade vos digo: lhe confiará todos os seus bens* (Lc 12,43-44).

CAPÍTULO XX
DO AMOR DA SOLIDÃO E DO SILÊNCIO

1. Procura tempo oportuno para estar contigo e pensa amiúde nos benefícios de Deus.

Deixa-te de curiosidades e entrega-te a leituras que antes excitem a compunção do que distraiam o espírito.

Aparta-te das conversas supérfluas e dos passeios ociosos, fecha os ouvidos às novidades e às atoardas e acharás tempo suficiente e propício para te entregar às santas meditações.

Os maiores Santos evitavam, quanto podiam, a companhia dos homens e preferiam viver *a sós* com Deus.

2. Disse um antigo (Sêneca, epist. VII): *quantas vezes estive entre homens, me tornei menos homem.* É o que experimentamos tantas vezes quando nos entretemos em largas conversas.

Mais fácil é calar de todo do que não se exceder falando. Mais fácil é encerrar-se em casa que guardar-se como convém fora.

Quem aspira à vida interior e espiritual deve, com Jesus, apartar-se das turbas.

Só aparece em público com segurança quem gosta de viver oculto.

Só fala com acerto quem cala de boa vontade.

Só ocupa sem risco os primeiros lugares quem de bom grado se coloca nos últimos.

Só não corre perigo em mandar quem se exercitou em obedecer.

3. Não há alegria segura sem o testemunho de uma boa consciência.

A segurança dos Santos, porém, é sempre cheia de temor de Deus; por mais que sobressaíssem em grandes virtudes e graças, não deixaram por isso de ser menos vigilantes e humildes.

A confiança dos maus, porém, nasce da soberba e da presunção e, por fim, resolve-se em engano.

Nunca te dês por seguro nesta vida, por mais que pareças bom religioso ou devoto ermitão.

4. Muitas vezes os melhores na estima dos homens incorreram nos mais graves perigos por confiarem demasiado em si mesmos.

Por isso, para muitos é mais útil que lhes não faltem de todo tentações e que sejam combatidos, para que não presumam de si, nem se exaltem em soberba ou se entreguem com excesso às consolações exteriores.

Oh! Que pureza de consciência conservaria quem nunca buscasse alegrias passageiras, e nunca se ocupasse do mundo!

Oh! Quanta paz e sossego lograria quem cortasse pelos vãos cuidados para não se ocupar senão das coisas do céu e da sua salvação, colocando em Deus toda a sua esperança!

5. Só é digno das consolações celestes quem se exercitou com diligência na santa compunção.

Se queres arrepender-te de coração, recolhe-te em teu aposento afasta-te do bulício do mundo, segundo está escrito: *refleti em vossos corações, quando estiverdes em vossos leitos* (Sl 4,5). Nele encontrarás o que muitas vezes hás de perder fora. Continuamente habitada, torna-se agradável a cela; mal guardada, gera fastio. Se no princípio de tua conversão te acostumares a ela e a guardares bem, ser-te-á depois amiga querida e gratíssima consolação.

6. No silêncio e no sossego aproveita a alma piedosa e penetra os segredos da Escritura.

Aí é que encontra as fontes de lágrimas com que todas as noites se lava e purifica para unir-se tanto mais familiarmente a seu Criador quanto mais longe vive do mundo.

De quem se aparta de conhecidos e amigos, aproxima-se Deus com os seus santos anjos.

Mais vale viver escondido e cuidar de sua alma, do que, descuidando-a, fazer milagres.

É louvável no religioso sair pouco e não gostar de ver os homens ou ser deles visto.

7. Para que queres ver o que não te é permitido possuir? *O mundo passa com as suas concupiscências* (1Jo 2,17).

Os desejos dos sentidos arrastam-te aos divertimentos; mas, passada aquela hora, que te fica senão o remorso da consciência e a dissipação do coração?

A uma saída alegre sucede muitas vezes uma volta triste; e a uma noite passada em prazeres, uma manhã de tristezas. Assim todo o prazer dos sentidos insinua-se brandamente, mas no fim resolve em sofrimentos e morte.

Que podes ver em outro lugar que aqui não vejas? Aqui tens o céu, a terra e todos os elementos; deles foram feitas todas as coisas.

8. Onde poderás ver o que seja estável debaixo do sol?

Pensas talvez satisfazer-te plenamente, mas não o conseguirás.

Se visses diante de ti todas as coisas, que seria senão uma vã miragem?

Levanta teus olhos a Deus nas alturas e ora pelos teus pecados e negligências.

Deixa as vaidades aos vãos; e tu, aplica-te ao que Deus ordena.

Encerra-te em teu aposento e chama por Jesus, o Amigo dileto. Permanece com Ele em tua cela; em nenhum outro lugar encontrarás tanta paz.

Se não saísses nem ouvisses novidades, melhor conservar-te-ias em paz. Mas porque de vez em quando gostas de ouvir novas terás depois que sofrer tribulações do coração.

CAPÍTULO XXI

DA COMPUNÇÃO DO CORAÇÃO

1. Se queres fazer algum progresso, conserva-te no temor de Deus; não vivas com demasiada liberdade, mas submete os teus sentidos a uma severa disciplina e não te entregues à vã alegria.

Dá-te à compunção do coração e acharás a piedade; a compunção traz consigo muitos bens que a dissipação logo nos faz perder.

É para maravilhar que nesta vida possa ter alegria perfeita o homem que medita e considera o seu exílio e os muitos perigos a que está exposta a sua alma.

2. Por causa da leviandade do nosso coração e do esquecimento dos nossos defeitos não sentimos os males de nossa alma e rimos muitas vezes sem motivo quando com razão deveríamos chorar.

Verdadeira liberdade e alegria pura não há sem temor de Deus e boa consciência.

Ditoso aquele que pode desembaraçar-se do impedimento das distrações para unir-se a Deus no recolhimento da santa compunção!

Ditoso aquele que de si aparta tudo o que lhe pode manchar ou agravar a consciência!

Peleja varonilmente; hábito com hábito se vence.

Se souberes deixar os homens, também eles te deixarão fazer o que quiseres.

3. Não te metas na vida alheia e não te enredes nos negócios dos grandes.

Põe sempre os olhos em ti primeiro; e repreende-te a ti mesmo de preferência a todos os teus amigos.

Não te aflijas por não ter o favor dos homens; só deve entristecer-te o não viver com a virtude e circunspeção que convém a um servo de Deus e a um bom religioso.

E muitas vezes mais útil e seguro não ter nesta vida muitas consolações, sobretudo consolações sensíveis.

Contudo, se não temos as consolações divinas ou só, raras vezes, as experimentamos, a culpa é nossa, porque não nos damos à compunção do coração nem de todo rejeitamos as vãs consolações exteriores.

4. Reconhece-te por indigno das consolações de Deus e merecedor de muitas tribulações.

Ao homem que se deixa penetrar da compunção perfeita o mundo todo entra logo a parecer-lhe fastidioso e amargo.

O justo sempre acha motivo bastante para afligir-se e chorar; porque, seja considerando a si ou pensando no próximo, sabe que ninguém passa pela vida sem tribulações; e quanto mais atentamente se considera tanto maior é a sua dor.

Matéria de justa aflição e de compunção interior são os nossos pecados e vícios em que estamos de tal maneira enterrados que, raras vezes, podemos contemplar as coisas do céu.

5. Se mais amiúde pensaras na morte do que na duração da vida, sem dúvida te emendarias com mais fervor.

Se meditasses também seriamente nas penas futuras do Inferno ou do Purgatório, estou certo que suportarias de boa vontade o trabalho e o sofrimento e não temerias nenhuma austeridade.

Mas porque estas verdades nos não penetram o coração e amamos ainda tudo o que nos afaga os sentidos, ficamos frios e preguiçosos.

6. É muitas vezes por fraqueza da alma que tão facilmente se lastima nosso miserável corpo.

Ora, pois, com humildade ao Senhor para que te conceda o espírito de compunção e dize com o Profeta: *vós o nutristes com o pão das lágrimas, e o fizestes sorver um copioso pranto* (Sl 79,6).

CAPÍTULO XXII

DA CONSIDERAÇÃO DA MISÉRIA HUMANA

1. Miserável és, onde quer que estejas e para onde quer que te voltes, se te não convertes a Deus.

Por que razão te inquietas por não te irem as coisas como queres e desejas? Quem é que tem tudo à medida de seu gosto? Nem eu, nem tu, nem homem algum na terra.

Ninguém há neste mundo, ainda que rei ou papa, sem alguma tribulação ou angústia.

Quem está melhor? Certamente o que pode padecer alguma coisa por Deus.

2. Na sua fraqueza e imbecilidade dizem muitos: que vida feliz leva aquele homem! Como é rico, nobre, poderoso e elevado!

Considera, porém, os bens do céu e verás que os bens temporais nada valem: muito incertos, são mais um fardo porque nunca se possuem sem temores e cuidados.

Não consiste a felicidade do homem em ter abundância de bens terrenos: basta-lhe a mediania.

Em verdade, grande miséria é viver na terra.

Quanto mais espiritual quer ser o homem tanto mais amarga se lhe torna a vida presente, porque sente melhor e vê com mais clareza as deficiências da natureza humana corrompida.

Comer, beber, velar, dormir, descansar, trabalhar, estar sujeito às demais necessidades da natureza é, de fato, grande miséria e aflição para o homem piedoso que deseja viver desatado dos laços do corpo e livre de todo pecado.

3. Muito oprimido, com efeito, se sente neste mundo o homem interior com as necessidades do corpo.

Por isto pede devotamente o Profeta de ver-se livre delas dizendo: *aliviai as angústias do meu coração, e livrai-me das aflições* (Sl 24,17). Infelizes os que não conhecem a sua miséria e mais infelizes ainda os que amam esta vida miserável e transitória!

Porque alguns há que a ela se apegam tão fortemente, ainda que trabalhando ou mendigando mal consigam o necessário, que se pudessem viver sempre aqui nada se lhes daria do reino de Deus.

4. Oh! Corações insensatos e sem fé! Tão profundamente míseros nas coisas da terra que já não sabem apreciar senão o que é carnal! Infelizes, sentirão um dia dolorosamente a vileza e o nada de quanto amaram.

Mas os Santos de Deus e os fiéis amigos de Cristo não atendiam ao que agradava à carne ou ao que brilhava no mundo; com toda a sua esperança e intenção aspiravam aos bens eternos.

Todo o seu desejo elevava-se para os bens invisíveis e imperituros, a fim de que não os arrastasse para a terra o amor das coisas visíveis.

5. Não percas, irmão, a esperança de progredir na vida espiritual: tens ainda tempo e oportunidade.

Por que razão queres adiar o teu propósito? Levanta-te, começa, neste mesmo instante e dize: é tempo de agir, é tempo de pelejar, é tempo de corrigir-me.

Quando te sentes aflito e atribulado, então tempo é de merecer. É preciso passares por fogo e por água antes de chegares ao refrigério (Sl 65,11).

Se te não fizeres violência, não vencerás o vício.

Enquanto estamos neste frágil corpo, não nos podemos conservar sem pecado nem viver sem tédio e sem dor.

Bem quiséramos fruir de um descanso livre de toda miséria; mas, porque pelo pecado perdemos a inocência, perdemos a verdadeira felicidade.

Importa-nos, por isso, perseverar na paciência e aguardar a misericórdia de Deus, *até que passe esta iniquidade* (Sl 66,2) *de modo que o que há de mortal em nós seja absorvido pela vida* (2Cor 5,4).

6. Oh! Como é grande a fragilidade humana sempre inclinada aos vícios!

Hoje confessas os teus pecados e amanhã tornas a cair neles; agora propões estar sobre ti e daqui a uma hora procedes como se nada houvesses proposto.

Bem razão temos de nos humilharmos e não nos termos em grande conta: somos tão frágeis e inconstantes!

Em pouco tempo também se pode perder por negligência o que só à custa de muito trabalho se adquiriu, com o auxílio da graça.

7. Que será de nós no fim, se já no princípio somos tão tíbios? Ai de nós se queremos entregar-nos ao descanso como se já estivéssemos em paz e segurança, quando em nossa vida não se vislumbra ainda nenhum sinal de verdadeira santidade!

Bem precisaríamos ser de novo instruídos na virtude como bons noviços, para ver se haveria ainda alguma esperança de emenda para o futuro e de maior proveito espiritual.

CAPÍTULO XXIII
DA MEDITAÇÃO DA MORTE

1. Bem depressa chegará o teu fim; vê lá como te portas. Hoje o homem está vivo e amanhã já não existe; e quando desaparece dos olhos bem depressa passa também da lembrança.

Oh! Cegueira e dureza do coração humano que só pensa no presente e não prevê o futuro!

Deves pensar e agir sempre, como se hoje houvesses de morrer.

Se tivesses boa consciência, não temerias muito a morte.

Melhor seria evitar o pecado que fugir à morte.

Se hoje não estás preparado, como o estarás amanhã? O dia de amanhã é incerto; quem sabe se lá chegarás?

2. Que importa viver muito se tão pouco nos corrigimos? A vida longa nem sempre traz emenda e muitas vezes aumenta os pecados.

Oxalá um só dia sequer tivéssemos vivido bem neste mundo! Muitos contam os anos de sua conversão; mas, de ordinário, bem pouco é o fruto da emenda.

Se terrível é morrer, mais perigoso, talvez, seja viver muito. Feliz daquele que traz sempre diante dos olhos a hora da morte e cada dia se prepara para morrer.

Se já viste morrer alguém, pensa que pelo mesmo transe hás de passar.

3. Pela manhã pensa que não chegarás à noite; e à noite não contes chegar ao dia seguinte. Por isso está sempre aparelhado e vive de tal forma que nunca a morte te surpreenda desapercebido.

Muitos morrem súbita e improvisamente; porque na *hora que não pensais, virá o Filho do Homem* (Lc 12,40). Quando chegar aquela hora extrema, de modo muito diferente começarás a julgar toda a tua vida passada e muito te arrependerás de ter sido tão negligente e relaxado.

4. Quão ditoso e prudente é o que se esforça por ser tal em vida qual deseja que o encontre a morte! Grande confiança de bem morrer lhe darei o completo desprezo do mundo, o desejo ardente de aproveitar na

virtude, o amor da observância, o trabalho da penitência, a prontidão da obediência, a abnegação de si mesmo, a constância em sofrer todas as adversidades por amor de Cristo.

Muito bem podes fazer enquanto tens boa saúde, mas não sei de que serás capaz quando estiveres enfermo.

Poucos melhoram com a enfermidade, como raros são os que se santificaram com muitas romarias.

5. Não confies em parentes e amigos, nem deixes para mais tarde o negócio de tua salvação; mais depressa do que imaginas, de ti hão de se esquecer os homens.

Melhor é prover a tempo e mandar boas obras diante de ti do que esperar no auxílio dos outros.

Se não cuidas de ti agora, quem cuidará de ti mais tarde? Agora é o tempo precioso; *agora é o tempo favorável, agora é o dia da salvação* (2Cor 6, 2). Mas, que tristeza, não aproveitares melhor agora esse tempo em que podes merecer a vida eterna.

Virá o momento em que suspirarás por um dia ou uma hora para te corrigires e não sei se alcançarás.

6. Coragem, irmão, não imaginas de quantos perigos e de quanto temor te poderás livrar, se agora pensares sempre na morte com receio e desconfiança.

Procura viver agora de tal maneira que na hora da morte tenhas mais motivos de alegria que de temor.

Aprende agora a morrer para o mundo, a fim de então começares a viver com Cristo.

Aprende agora a desprezar todas as coisas, a fim de voares então livremente para Cristo.

Castiga agora o teu corpo com a penitência para teres então uma confiança certa.

7. Oh! Insensato! Por que pensas que hás de viver muito quando não tens um dia seguro?

Quantos se iludiram e foram arrancados do corpo quando menos esperavam!

Quantas vezes ouviste dizer: este homem morreu assassinado, aquele afogou-se, o outro caiu e quebrou a cabeça; um expirou comendo, outro jogando; este pereceu pelo ferro, aquele pelo fogo; este pela peste, aquele às mãos dos ladrões. E assim o fim de todos é a morte e a vida passa como uma sombra.

8. Quem se lembrará de ti depois da morte? Quem rezará por ti? Faze, faze agora, irmão meu, tudo o que puderes; não sabes quando hás de morrer nem o que te há de suceder depois da morte.

Enquanto tens tempo, acumula riquezas imperecíveis. Preocupa-te unicamente com a tua salvação e cuida só das coisas de Deus.

Faze, agora, amigos, venerando os Santos de Deus e imitando-lhes as ações, para que, ao saíres desta vida, eles te recebam nas moradas eternas (Lc 16,9).

9. Vive na terra como hóspede e peregrino a quem nada se lhe dá dos negócios do mundo.

Conserva o coração livre e elevado para Deus, porque não *temos aqui cidade permanente* (Hb 13,14).

Para o céu dirige todos os dias as tuas preces, os teus gemidos e lágrimas para que, depois da morte, mereça a tua alma passar ditosamente ao Senhor. Assim seja.

CAPÍTULO XXIV

DO JUÍZO E DAS PENAS DOS PECADORES

1. Em todas as coisas as coisas considera o fim e como um dia comparecerás ante o Juiz severo, a quem nada é oculto, que não se deixa aplacar com dádivas nem admite desculpas, mas julga com justiça.

Que miserável e insensato pecador que responderás a Deus que conheces as tuas maldades, tu que às vezes tremes à vista de um homem irado!

Por que não te preparas para o dia do juízo em que ninguém, poderá ser escusado ou defendido por outrem, mas cada qual terá bastante que ver consigo?

Agora produz fruto o teu trabalho; as tuas lágrimas são acolhidas e aceitos os teus gemidos; a tua dor é satisfatória e purificativa.

2. Grande e salutar purgatório tem o homem paciente que, injuriado, mais se aflige com a maldade alheia do que com a ofensa própria; que roga sinceramente pelos que o contrariam e de coração lhes perdoa; se a alguém magoa, não tarda em pedir-lhe perdão; que mais facilmente se inclina à compaixão do que à cólera; que, muitas vezes, faz violência a si mesmo e se esforça por sujeitar de todo a carne e ao espírito.

Mais vale purificar agora os pecados e extirpar os vícios do que deixar para expiá-los na outra vida.

Em verdade nos enganamos a nós mesmos pelo amor desordenado que temos à carne.

3. Que há de devorar aquele fogo senão os teus pecados? Quanto mais agora te poupares e seguires os apetites da carne tanto mais rigoroso será depois o castigo e mais matéria ajuntas para o fogo eterno.

No que o homem mais pecou será mais severamente punido.

Ali os preguiçosos serão exasperados com aguilhões ardentes, e os gulosos, atormentados com grande fome e sede.

Ali os luxuriosos e amantes da volúpia serão imersos em pez abrasador e fétido enxofre; e, como cães danados, uivarão de dor os invejosos.

4. Nenhum vício há que não tenha o seu suplício próprio.

Ali, os soberbos estão cheios de confusão e os avarentos reduzidos à mais miserável indigência.

Ali, será mais terrível uma hora de tormento do que, aqui, cem anos da mais rigorosa penitência.

Aqui, de quando em quando, cessam os trabalhos e consolamo-nos com os amigos; lá, para os condenados, nenhum descanso, nenhuma consolação.

Tem agora cuidado e dor de teus pecados para que no dia do juízo possas partilhar a segurança dos bem-aventurados: *porque então, com grande confiança, o justo se levantará em face dos que o persegueiram e zombaram* (Sb 5,1).

Então se erguerá para julgar o que agora humildemente se curva ao juízo dos homens.

Então grande confiança terá o pobre e humilde; e de pavor será envolvido o soberbo.

5. Ver-se-á então como foi sábio neste mundo o que aprendeu a ser louco e desprezado por Cristo.

Então dará prazer toda tribulação suportada com paciência e *toda maldade deve fechar a boca* (Sl 106,42).

Então exultará de alegria o homem devoto e de tristeza se consternará o ímpio.

Mais se alegrará então a carne mortificada que se fosse nutrida com delícias.

Então resplandecerá o hábito grosseiro e perderão o seu brilho as vestes suntuosas.

Mais louvores terá o casebre do pobre que o palácio resplandecente de ouro.

Então mais aproveitará a paciência constante que todo o poder do mundo.

Mais exaltada será a obediência simples que toda a astúcia do século.

6. Então mais alegria causará a pureza de uma boa consciência, que a douta filosofia.

Mais peso terá o desprezo das riquezas, que todos os tesouros da terra.

Mais consolação te dará a oração fervorosa, que as iguarias delicadas.

Mais alegria terás pelo silêncio guardado do que pelas longas conversas.

De maior valor serão as obras santas que as belas frases. Mais te há de agradar então a vida estreita e a penitência rigorosa, que todos os prazeres do mundo.

Aprende agora a sofrer pouco para te livrares então de sofrimentos mais graves.

Experimenta primeiro nesta vida o de que serás capaz na outra. Se não podes agora suportar tão pouco, como poderás sofrer tormentos eternos? Se o menor incômodo te causa agora tanta impaciência, que fará então o inferno? Em verdade, duas venturas não poderás reunir: deliciar-te neste mundo e reinar depois com Cristo.

7. Se até hoje houvesses vivido sempre em honras e prazeres, de que te aproveitaria tudo isso se viesses a morrer nesse instante?

Assim, pois, *tudo é vaidade* (Ecl 1,2), exceto amar a Deus e só a Ele servir.

Quem ama a Deus de todo o coração não teme nem a morte, nem o castigo, nem o Juízo, nem o Inferno: porque o perfeito amor nos dá acesso seguro junto a Deus.

Não admira, porém, que tema a morte e o Juízo aquele que ama ainda o pecado.

Se contudo o amor de Deus não te aparta ainda do mal, bom é que, ao menos, te retenha o temor do Inferno.

Aquele, porém, que despreza o temor de Deus não terá forças para perseverar no bem por muito tempo e bem depressa cairá nas ciladas do demônio.

CAPÍTULO XXV

DA FERVOROSA EMENDA DE TODA A NOSSA VIDA

1. Sê vigilante e fervoroso no serviço de Deus; pensa muitas vezes a que vieste e por que abandonaste o mundo; não foi, porventura, a fim de viver para Deus e ser homem espiritual?

Afervora-te, pois, no desejo de progredir, porque em breve receberás a recompensa dos teus trabalhos e não terás mais temores nem sofrimentos.

Agora, pouco trabalho; mais tarde, grande descanso, ou melhor, alegria perpétua.

Se continuares a proceder com fidelidade e fervor, Deus, por certo, será fiel e generoso em retribuir.

Alimenta a santa esperança de alcançar a palma da glória, mas não te entregues à segurança demasiada, para que não caias na tibieza ou na presunção.

2. Alguém que vivia ansioso, oscilando entre o medo e a esperança, certa vez, acabrunhado de tristeza, entrou em uma igreja e prostrando-se ante o altar, para fazer oração, dizia de si para si: Oh! Se eu soubesse que haveria de perseverar! No mesmo instante, ouviu no íntimo da alma esta resposta divina: que farias se soubesses? Faze agora o que farias então e terás paz.

E logo consolado e confortado entregou-se à vontade divina e cessaram as suas ansiosas perplexidades. Não quis mais perscrutar com curiosidade o que lhe haveria de acontecer no futuro, mas aplicou-se a conhecer o que era mais perfeito e agradável à vontade de Deus para começar e levar a termo santamente todas as suas ações.

3. *Espera no Senhor e faze o bem*, diz o Profeta, e *habitarás a terra em plena segurança* (Sl 36,3).

Uma coisa arrefece em muitos o fervor do progresso e da emenda: o horror às dificuldades ou o trabalho da luta. Com efeito, aproveitam mais na virtude os que se empenham com coragem em vencer-se no que mais lhes custa e contraria as inclinações.

Porque o homem tanto mais adianta e maiores graças merece quanto mais a si mesmo se vence e mortifica espiritualmente.

4. Mas nem todos têm igualmente em que se vencer e mortificar. Aquele, porém, que for diligente e zeloso, ainda que tenha mais paixões, fará maiores progressos que outro, de bom natural, porém menos fervoroso na aquisição das virtudes.

Duas coisas, particularmente, contribuem para uma boa emenda: resistir com violência às inclinações da natureza viciada e trabalhar com ardor em adquirir a virtude de que mais carecemos.

Procura também evitar e vencer em ti o que nos outros mais te desagrada.

5. Aproveita de tudo para teu aproveitamento: se vires ou ouvires bons exemplos, anima-te a imitá-los; se perceberes, porém, alguma coisa repreensível, guarda-te de fazê-la, ou, se já a fizeste, trata de corrigir-te quanto antes.

Como observas os outros, assim também os outros te observam a ti.

Como é agradável e consolador ver irmãos fervorosos e devotos, bem morigerados e observantes!

Como, pelo contrário, é triste e penoso vê-los andar fora da regra, esquecidos daquilo a que foram chamados!

Como é nocivo descuidarem os deveres da própria vocação e inclinarem o afeto ao que não lhes pertence!

6. Lembra-te do que prometeste e tem sempre diante dos olhos a imagem do Crucificado.

Bem te podes envergonhar ao considerares a vida de Jesus Cristo, por não haver feito mais esforço de te conformar com ela apesar de trilhares há tanto tempo o caminho de Deus.

O religioso que devota e atentamente medita na santíssima vida e paixão do Senhor, nela encontra, com abundância, tudo o que lhe é útil e necessário, nem precisa procurar, fora de Jesus, coisa melhor.

Oh! Se Jesus Crucificado entrara em nosso coração, quão depressa seríamos instruídos em tudo!

7. O religioso fervoroso suporta e aceita bem tudo o que se lhe manda.

O tíbio e negligente experimenta tribulação sobre tribulação e de todos os lados se vê angustiado, porque lhe faltam as consolações interiores e não lhe é permitido buscar as de fora.

O que não observa a sua regra expõe-se a grave ruína.

O que procura uma vida fácil e relaxada estará sempre em angústias; alguma coisa haverá sempre que lhe desagrada.

8. Como procedem tantos outros religiosos que vivem com austeridade na disciplina do claustro?

Saem raras vezes, vivem recolhidos, alimentam-se com frugalidade, vestem burel grosseiro, trabalham muito, falam pouco, velam até alta noite, levantam-se de madrugada, prolongam a oração, entregam-se a leituras frequentes e em tudo observam exata disciplina.

Considera os cartuxos, os cistercienses e tantos outros monges e monjas de várias ordens como se levantam todas as noites para a salmodia do Senhor.

Bem vergonhoso seria que te deixasses vencer pela preguiça em exercício tão santo, quando tantos religiosos começam a entoar louvores a Deus.

9. Oh! Quem te dera não ter outra coisa que fazer senão louvar com o coração e com os lábios ao nosso Deus e Senhor! Oh! Quem te dera não precisar de comer, nem beber, nem dormir, para poderes louvar a Deus, sem interrupção e entregar-te unicamente aos exercícios espirituais! Muito mais feliz serias do que agora que deves servir ao corpo e às suas necessidades!

Prouvera a Deus fossemos isentos dessas necessidades e só tivéssemos que pensar no alimento da alma, que, infelizmente, tão raras vezes saboreamos!

10. Quando o homem chega a não buscar consolação em criatura alguma, começa então a gostar perfeitamente de Deus, e vive sempre contente, aconteça o que acontecer.

Então não se alegra com grandezas tampouco se entristece com ninharias, mas abandona-se inteiramente e com toda a confiança nas mãos de Deus, que lhe é tudo em todas as coisas, para quem nada acaba nem morre, mas para quem vivem todas as criaturas e a cujo aceno obedecem todas sem demora.

11. Lembra-te sempre do fim e de que o tempo perdido não volta.

Sem cuidado e sem esforço, não hás de adquirir virtudes.

Se principias a entibiar, começarás a sentir-te mal. Se, porém, te deres ao fervor, terás muita paz; a graça de Deus e o amor da virtude far-te-ão mais leve o trabalho. O homem fervoroso e diligente está preparado para tudo.

Mais penoso é resistir aos vícios e às paixões do que suportar as fadigas do corpo.

Quem não evita as faltas pequenas, pouco a pouco cairá nas grandes.

Alegrar-te-ás sempre à noite quando houveres empregado bem o dia.

Vela sobre ti mesmo; anima-te; admoesta-te e, aconteça o que acontecer aos outros, não descuides de ti.

Aproveitarás na medida da violência que te fizeres. Assim seja.

LIVRO II

INSTRUÇÕES PARA A VIDA INTERIOR

CAPÍTULO I

DA CONVERSAÇÃO INTERIOR

1. *O reino de Deus está dentro de vós,* diz o Senhor (Lc 17,21). Converte-te a Deus de todo o coração, deixa este mundo miserável e tua alma encontrará descanso.

Aprende a desprezar as coisas exteriores, entrega-te às interiores e verás o reino de Deus vir a ti. Porque o reino de Deus é paz e alegria no Espírito Santo (Rm 14,17), o que não é dado aos ímpios.

Se lhe preparares no teu coração digna morada, Jesus Cristo virá a ti, trazendo-te suas consolações.

Para Ele toda a glória e beleza vem de dentro (Sl 44,14) e aí é que se compraz. Para o homem interior tem Ele visitas frequentes, doces colóquios, suaves consolações, grande paz e familiaridade verdadeiramente inefável.

2. Eia, pois, alma fiel, prepara o teu coração para que o Esposo se digne vir a estabelecer em ti a sua morada. Assim o disse Ele mesmo: *Se alguém me ama, guardará a minha palavra e o meu Pai o amará, e nós viremos a ele e nele faremos nossa morada* (Jo 14,23). Dá, pois, entrada a Jesus e não permitas que entre nenhum outro.

Possuindo a Jesus, serás rico e terás quanto te é preciso. Ele velará por ti e tomará fielmente cuidado de ti em todas as coisas, de modo que não precises esperar nos homens. Os homens, com efeito, mudam depressa e faltam de repente; Jesus Cristo permanece sempre e, constante, acompanha-nos até o fim.

3. Não deves pôr grande confiança em um homem frágil e mortal, ainda quando útil e querido, nem entristecer-te muito se alguma vez te contraria e contradiz.

Os que hoje estão contigo, amanhã poderão estar contra ti, e vice-versa: são volúveis os homens como o vento.

Põe toda a tua confiança em Deus; seja Ele o teu temor e o teu amor; Ele responderá por ti e fará como melhor te convier.

Não temos aqui cidade permanente (Hb 13,14), onde quer que te encontres, serás sempre estrangeiro e peregrino; só terás repouso quando intimamente unido a Jesus.

4. Que procuras ao redor de ti? Não é este o lugar de teu descanso; no céu deve estar a tua morada, e as coisas da terra hás de olhá-las só como de passagem.

Passam todas as coisas e tu com elas.

Toma cuidado de não apegar-te a coisa alguma, a fim de que te não cative e venhas a perecer.

Que ao Altíssimo se eleve sempre o teu pensamento e a Jesus a tua oração.

Se não sabes remontar às contemplações sublimes, detém-te na Paixão de Cristo, e acolhe-te com prazer às suas santas chagas. Se te refugiares com devoção nestas chagas, estigmas preciosos da Paixão de Jesus, experimentarás grande conforto na tribulação, pouco te inquietarás com o desprezo dos maldizentes.

5. Também Jesus Cristo foi neste mundo desprezado pelos homens e na maior necessidade desamparado, entre opróbrios, por amigos e conhecidos.

Cristo quis padecer e ser desprezado e tu ousas queixar-te de alguém! Cristo teve inimigos e detratores, e tu só queres ter benfeitores e amigos!

Como será coroada a tua paciência se não passares por nenhuma adversidade? Se nenhum contraste queres sofrer, como serás amigo de Cristo?

Padece com Cristo e por amor de Cristo, se com Cristo queres reinar.

6. Se uma só vez entrásseis perfeitamente no Coração de Jesus e algo saboreasses de seu abrasado amor, pouco te importarias com o que te agrada ou incomoda; antes folgarias com as injúrias recebidas, porque o amor de Jesus ensina o homem a desprezar-se a si mesmo.

Quem ama a Jesus e a verdade, quem é verdadeiramente interior e livre de toda a afeição desregrada, pode aproximar-se sem obstáculos de Deus, e, elevando-se em espírito acima de si mesmo, nele descansar em suavíssimo gozo.

7. Quem estima as coisas pelo que são, e não pelo que delas dizem ou julgam os homens, é verdadeiramente sábio, instruído mais por Deus do que pelas criaturas. Quem sabe viver recolhido dentro de si e pouco se inquieta com as coisas exteriores, não precisa escolher lugar nem aguardar tempo para seus exercícios de devoção.

O homem interior bem depressa se recolhe porque nunca se espalha de todo nas coisas externas. Não o estorva o trabalho material tampouco ocupação às vezes necessária; acomoda-se às coisas como ocorrem.

A quem está bem disposto e ordenado no seu interior, pouco se lhe dá dos feitos famosos ou perversos dos homens.

O homem não é embaraçado e distraído pelas coisas senão na medida em que a elas se apega.

8. Se procedesses com retidão e estivesses bem purificado, tudo contribuiria para o teu bem e aproveitamento.

Muitas coisas te desagradam e perturbam frequentemente, porque ainda não estás de todo morto a ti mesmo nem desapegado das coisas da terra.

Nada contamina e embaraça tanto o coração do homem como o amor impuro das criaturas.

Se renunciares às consolações externas, poderás contemplar coisas do céu e gozar muitas vezes as alegrias interiores.

CAPITULO II

DA HUMILDE SUBMISSÃO

1. Não dês grande importância em saber quem está por ti ou contra ti, mas cuida que Deus seja sempre contigo em tudo o que fizeres.

Tem boa consciência e Deus será teu defensor; a quem Deus ajuda nenhum mal fará a malícia dos homens.

Se souberes calar e sofrer, o Senhor virá sem dúvida em teu auxílio.

Ele sabe o tempo e a maneira de livrar-te; entrega-te, pois, nas suas mãos.

De Deus é que vem o socorro, Ele é que livra de toda confusão.

Para melhor conservar a humildade muito convém algumas vezes que os outros conheçam os nossos defeitos e no-los lancem em rosto.

2. Quando um homem se humilha pelas suas faltas, aplaca facilmente os outros e sem custo se reconcilia com os que se irritaram contra ele.

Deus protege e livra o humilde; ama-o e consola-o; para ele se inclina; prodigaliza-lhe suas graças e, depois do abatimento, o eleva à glória; revela-lhe os seus segredos e docemente o convida e atrai a si.

O humilde, ainda quando recebeu afronta, conserva-se em paz, porque se firma em Deus e não no mundo.

Não julgues ter feito algum progresso enquanto te não tiveres por inferior a todos.

CAPÍTULO III

DO HOMEM BOM E PACÍFICO

Começa por te conservares em paz; depois, poderás pacificar os outros.

Mais vale o homem pacífico que o sábio.

O homem apaixonado, até o bem converte em mal e facilmente crê o mal. O homem bom e de paz tudo converte em bem.

Quem está em paz não suspeita de ninguém; mas quem anda descontente e inquieto, vive combatido de suspeitas diversas; não sossega nem deixa os outros sossegarem. Diz, muitas vezes, o que não deveria dizer e deixa de fazer o que mais lhe conviria. Atende aos deveres alheios e descura os próprios.

Sê, pois, antes de tudo zeloso contigo, depois, poderás com justiça zelar pelo teu próximo.

2. Bem sabes colorir e desculpar as tuas faltas, mas não queres ouvir as desculpas alheias; mais justo seria que te acusasses a ti e desculpasses ao teu irmão.

Se queres que te suportem, suporta os outros.

Vê quão longe estás ainda da verdadeira caridade e humildade que não sabe indignar-se e irritar-se senão contra si.

Conviver com os que são bons e mansos não é difícil, porque isto a todos naturalmente agrada; cada qual ama a paz e gosta mais dos que com ele concordam. Mas poder viver em harmonia com pessoas ríspidas e perversas, que não têm educação ou nos contrariam, é grande graça, ação varonil e digna de muito louvor.

3. Alguns há que vivem em paz consigo e com o próximo; outros que nem a têm, nem a deixam ter aos demais, pesados a todos e mais a si mesmos; outros ainda que se conservam em paz e trabalham por dá-la aos que não a têm.

Toda a nossa paz nesta vida de misérias mais consiste em sofrer; com humildade do que em não sentir contrariedades.

Quem melhor souber sofrer, maior paz terá, e será vencedor de si e senhor do mundo, amigo de Cristo e herdeiro do céu.

CAPÍTULO IV
DA PUREZA E SIMPLICIDADE DE INTENÇÃO

1. A simplicidade e a pureza são as duas asas com que se eleva o homem acima da terra.

A simplicidade está na intenção; a pureza, no afeto; a simplicidade procura a Deus, a pureza O encontra e frui.

Nenhuma ação boa te será difícil, se interiormente estiveres livre de toda afeição desordenada.

Se não quiseres senão a vontade de Deus e a utilidade do próximo, gozarás de liberdade interior.

Se reto for o teu coração, toda criatura ser-te-á espelho de vida e livro de santa doutrina.

Não há criatura, por pequena e vil, que não manifeste a bondade de Deus.

2. Se fosses interiormente bom e puro, tudo verias bem e compreenderias sem dificuldade.

O coração puro penetra o céu e o inferno.

Cada qual julga das coisas exteriores conforme as suas disposições internas.

Se há alegria no mundo, o coração puro a possui; e se em algum lugar há tribulações e angústias, é a má consciência quem melhor as conhece.

Assim como o ferro posto no fogo perde a ferrugem e se torna todo candente, assim quem se converte inteiramente para Deus sacode o torpor e transmuda-se em novo homem.

Quando o homem começa a entibiar, receia o menor trabalho e procura avidamente as consolações externas.

Mas quando começa a vencer-se perfeitamente e a caminhar com coragem nos caminhos de Deus, logo tem por insignificante o que antes lhe parecia pesado.

CAPÍTULO V

DA CONSIDERAÇÃO DE SI MESMO

1. Não podemos ter muita confiança em nós mesmos, porque muitas vezes nos faltam a graça e o discernimento.

Pouca luz há em nós e essa bem depressa por negligência nossa a perdemos.

De frequente, não advertimos como é grande a nossa cegueira interior.

Muitas vezes são más as nossas ações e piores as nossas desculpas.

Move-nos não raro a paixão e cuidamos que é zelo.

Censuramos nos outros pequenas faltas e exculpamos as nossas, mais graves.

Bem depressa sentimos e ponderamos o que dos outros sofremos, mas não advertimos no que de nós sofrem os outros.

Quem examinasse sinceramente as próprias ações não julgaria com severidade as alheias.

2. O homem interior antepõe o cuidado de sua alma a todos os mais cuidados; e quem olha para si com diligência abstém-se facilmente de falar dos outros.

Nunca serás homem interior e devoto se não guardares silêncio das coisas alheias e não te ocupares especialmente de ti.

Se voltares toda a tua atenção para ti e para Deus, pouco te impressionará o que perceberes em roda de ti.

Onde estás quando não estás presente a ti mesmo? De que te aproveita haver percorrido tudo se te descuidaste de ti?

Se queres ter paz e verdadeira união com Deus, despreza tudo o mais, a fim de só olhares para a tua alma.

3. Muito progresso farás, se te desembaraçares dos negócios temporais; muito afrouxarás, pelo contrário, se lhes deres importância.

Aos teus olhos nada avulte como grande ou elevado, agradável ou aceito, senão Deus só ou o que de Deus vem.

Tem por vã toda consolação que te vier das criaturas. A alma que ama a Deus despreza tudo o que está abaixo de Deus.

Só Deus, eterno e imenso, que tudo enche, é consolação da alma e verdadeira alegria do coração.

CAPÍTULO VI

DA ALEGRIA DA BOA CONSCIÊNCIA

1. A glória de um homem de bem é o testemunho de uma boa consciência.

Tem boa consciência e sempre terás alegria.

Muitas coisas pode suportar uma boa consciência e, ainda nas adversidades, conserva-se alegre.

A má consciência anda sempre receosa e inquieta. Descansarás tranquilamente se de nada te repreender o coração.

Não te alegres senão quando houveres praticado o bem. Os maus nunca têm verdadeira alegria nem experimentam paz interior; porque *para os ímpios não haverá paz, diz o Senhor* (Is 57,20).

E se disserem – vivemos em paz, nenhum mal nos há de acontecer, quem se atreverá a ofender-nos? – não lhes dês crédito, porque, quando menos cuidarem, levantar-se-á contra eles a cólera de Deus, a nada serão reduzidas as suas obras e se desvanecerão os seus pensamentos (Sl 145,4).

2. A quem ama não é difícil gloriar-se nas tribulações; gloriar-se assim é gloriar-se na cruz do Senhor.

Breve é a glória que o homem dá e recebe.

A tristeza acompanha sempre a glória do mundo. A glória dos bons está na própria consciência e não nos lábios dos homens.

A alegria dos justos é de Deus e em Deus; e da verdade vem o seu regozijo.

Quem deseja a glória verdadeira e eterna, não cuida da temporal; e quem procura a temporal ou não a despreza de coração, bem mostra que ama pouco a eterna.

Grande tranquilidade de coração goza aquele que não se preocupa com louvores ou vitupérios.

3. Facilmente viverá em paz e contente quem tiver a consciência pura.

Não és mais santo porque te louvam nem mais desprezível porque te censuram.

És o que és; e o que poderão dizer de ti não te fará maior do que vales aos olhos de Deus.

Se considerares o que és em teu interior, não se te dará do que de ti disserem os homens.

O homem vê o rosto, Deus o coração; o homem considera as ações, Deus pesa as intenções.

Agir sempre bem e ter-se em pouca, indício é de alma humilde.

Não querer consolações das criaturas, sinal é de grande pureza e confiança interior.

4. Quem não procura ao redor de si nenhum testemunho em seu favor, bem manifesta que se entregou completamente a Deus.

Pois merece a aprovação não aquele que se recomenda a si mesmo, diz S. Paulo, *mas aquele que o Senhor recomenda* (2Cor 10,18).

Andar internamente unido a Deus sem prender-se a nenhuma afeição externa é o estado do homem espiritual.

CAPÍTULO VII

DO AMOR DE JESUS SOBRE TODAS AS COISAS

1. Feliz aquele que entende o que é amar a Jesus e desprezar-se por amor de Jesus.

Por este amor é necessário deixar qualquer outro amor, porque Jesus quer ser amado só, sobre todas as coisas.

Falaz e instável é o amor das criaturas; fiel e constante o amor de Jesus.

Quem se prende à criatura com ela cairá; quem com Jesus se abraça ficará firme para sempre.

Ama-O e conserva-O por amigo, a Ele que não te faltará quando todos te desampararem nem permitirá que pereças eternamente.

Queiras ou não, de todas as coisas terás que separar-te um dia.

2. Na vida e na morte abraça-te com Jesus e confia-te à fidelidade daquele que, só, poderá valer-te quando todos te venham a faltar.

Teu amado é de tal natureza que não admite competidor; Ele, só, quer possuir o teu coração e nele reinar como soberano em seu trono.

Se souberes desprender-te inteiramente das criaturas, Jesus se comprazerá em habitar contigo.

Verás que foi quase tudo perdido o que, fora de Jesus, dedicaste aos homens.

Não confies nem te firmes no caniço que o vento agita; *toda criatura é como a erva e toda a sua glória como a flor dos campos!* (Is 40,6), fenece.

3. Muitas vezes te enganarás se julgares os homens só pela aparência.

Se neles procurares vantagens e consolações, o mais das vezes só experimentarás detrimento.

Se em todas as coisas buscares a Jesus, a Jesus encontrarás; se buscares a ti, encontrar-te-ás também, mas para tua perdição; o homem que não busca a Jesus causa a si mesmo maior mal que todos os seus adversários e o mundo inteiro.

CAPÍTULO VIII
DA FAMILIARIDADE COM JESUS

1. Quando Jesus está presente, tudo é suave e nada parece difícil; quando Jesus se ausenta, tudo se torna penoso.

Quando Jesus não fala interiormente, nenhuma consolação tem valor, mas basta que Ele diga uma só palavra, sentimo-nos plenamente consolados.

Não vês Maria Madalena como se levantou logo do lugar em que estava a chorar, quando Marta lhe disse: *O Mestre está aí e te chama.* (Jo 11,28)?

Hora feliz aquela em que Jesus chama das lágrimas à alegria espiritual!

Como és árido e insensível sem Jesus! Que vaidade e loucura a tua se desejas alguma coisa fora de Jesus!

Não é essa maior desgraça que se perdesses todo o mundo?

2. Que te pode dar o mundo sem Jesus?

Estar sem Jesus, insuportável inferno; viver com Jesus, doce paraíso.

Se contigo estiver Jesus, nenhum inimigo te poderá fazer mal. Quem encontra Jesus encontra um precioso tesouro, ou melhor, um bem acima de todos os bens; quem perde a Jesus, perde muito, muito mais que se perdera todo o mundo.

Viver sem Jesus, indigência extrema; estar bem com Jesus, imensa riqueza.

3. Grande arte, saber conversar com Jesus; saber conservar a Jesus, grande prudência.

Sê humilde e pacífico e Jesus será contigo.

Sê piedoso e comedido e contigo ficará Jesus.

Bem depressa podes afugentar a Jesus e perder a sua graça se te derramares nas coisas exteriores; mas se O afugentares e perderes, a quem hás de recorrer e buscar por amigo?

Sem amigo não poderás viver feliz e se Jesus não for teu amigo acima de todos os outros, indizível será a tua tristeza e desolação.

Insensato serás, pois, se em outra pessoa puseres a tua confiança e a tua alegria.

Antes ter todo o mundo contra si que ofender a Jesus.

Que Ele, pois, te seja mais caro de todos os que te são caros.

4. Amemos a todos por Jesus; a Jesus, por si mesmo. Só Jesus Cristo deve ser amado com amor singular, porque, acima de todos os amigos, só Ele é bom e fiel.

Por amor dele e nele, ama os teus amigos e os teus inimigos; e ora por todos para que todos o conheçam e amem.

Não desejes nunca uma preferência singular na estima: e no amor dos homens; porque isso pertence só a Deus que não tem igual; não queiras que alguém se ocupe contigo em seu coração nem te ocupes tu com o amor dos outros, mas Jesus reine em ti e em todo homem de boa vontade.

5. Sê interiormente puro e livre, sem apego a criatura alguma.

E necessário desprender-te de tudo e oferecer a Deus um coração puro se queres descansar e ver quão suave é o Senhor.

E, na verdade, não o conseguirás se não fores prevenido e atraído pela graça, de modo que, excluídas e desterradas todas as coisas, te possas unir só com Ele só.

Porque, quando a graça de Deus visita o homem, ele se sente com forças para tudo; quando ela se afasta, torna-se logo pobre e fraco, como que reservado para o castigo.

Mas ainda neste estado não deve abater-se nem desesperar, senão submeter-se de bom grado à vontade de Deus e sofrer por amor de Jesus Cristo tudo o que lhe sobrevier; porque ao inverno sucede o verão; à noite, o dia; e à tempestade, grande bonança.

CAPÍTULO IX
DA CARÊNCIA DE TODA CONSOLAÇÃO

1. Não é difícil desprezar as consolações humanas, quando temos as divinas.

Grande coisa, porém, e bem grande, é poder passar sem as consolações dos homens e sem as consolações de Deus, suportar de boa vontade, para a sua glória, o exílio do coração, não buscar a si mesmo em coisa alguma nem atender ao próprio mérito.

Que maravilha estares alegre e fervoroso quando te assiste a graça! Por esta hora suspiram todos.

Caminha de maneira muito suave quem é levado pela graça de Deus. E como sentiria o peso quem é ajudado pelo Onipotente e conduzido pelo supremo Guia?

2. De bom grado procuramos as consolações e só com dificuldade se despe o homem de si mesmo.

Venceu ao mundo o mártir S. Lourenço em união com o seu bispo, porque desprezou todos os atrativos do século e sofreu tranquilamente, por amor de Cristo, que o separassem do sumo sacerdote de Deus, S. Xisto, a quem muito amava.

Assim, com o amor de Deus venceu o afeto às criaturas e às consolações humanas preferiu o beneplácito divino.

Aprende também tu a deixar por amor de Deus um amigo íntimo e querido. Nem te aflijas demasiadamente se te abandona algum amigo, lembrando-te que um dia nos havemos todos de separar uns dos outros.

3. Muito e por muito tempo deverá o homem lutar consigo antes que aprenda a vencer-se completamente e a orientar todos os seus afetos para Deus.

O homem que confia em si, facilmente desliza para as consolações humanas.

Mas o que ama deveras a Jesus Cristo e se dá seriamente à virtude, não procura consolações nem doçuras sensíveis, antes prefere fortes pelejas e duros sofrimentos por Cristo.

4. Quando Deus te der alguma consolação espiritual, recebe-a com gratidão; lembra-te, porém, que é dom de Deus e não merecimento teu. Não te desvaneças, não te regozijes em excesso nem presumas de forma vã de ti; pelo contrário, que o dom de Deus te torne mais humilde, mais vigilante e timorato em todas as tuas ações, porque passará aquela hora e voltará a tentação.

Quando te for tirada a consolação, não desanimes logo; aguarda com humildade e paciência que Deus de novo te visite, porque bem pode Ele dar-te consolação ainda maior.

Isto não é coisa nova nem estranha aos que têm experiência nos caminhos do Senhor; por estas alternativas passaram os grandes Santos e os antigos Profetas.

5. Por isso, na presença da graça, exclamara um deles: *eu, porém, disse, seguro de mim: não serei jamais abalado* (Sl 29,7); em se ausentando, porém, a graça, acrescenta o que em si experimentou: *quando escondestes vossa face fiquei aterrado* (*Ibid.* 8).

Nesta perturbação, porém, não se entrega ao desespero mas com insistência roga ao Senhor e diz: *a vós, Senhor, eu clamo, e imploro a misericórdia de meu Deus* (*Ibid.* 9).

Colhe, por fim, o fruto de sua oração e atesta que foi atendido dizendo: *ouviu-me o Senhor e teve compaixão de mim; o Senhor veio em meu auxílio* (*Ibid.* 11). De que modo? *Vós convertestes o meu pranto em prazer, tirastes minhas vestes de penitência e me cingistes de alegria* (*Ibid.* 12).

Se assim foram tratados os grandes Santos, não devemos desanimar, nós, fracos e pobres, se ora nos sentimos fervorosos, ora tíbios; o Espírito de Deus vem e vai como Lhe apraz.

Lá disse o Santo Jó: *para visitá-lo todas as manhãs e prová-lo a cada instante* (Jó 7, 18).

6. Em que posso eu, pois, esperar, e em que devo pôr a minha confiança senão unicamente na misericórdia de Deus e na esperança da graça celeste?

Homens de virtude, religiosos devotos ou amigos fiéis, livros santos ou tratados eloquentes, hinos e cânticos suaves, tudo isto de pouco me serve e pouco me agrada, quando me sinto desamparado pela graça e entregue à minha própria miséria.

Não há então melhor remédio que a paciência e a renúncia de mim mesmo na vontade de Deus.

7. Nunca encontrei homem tão perfeito e piedoso que, de quando em quando, não experimentasse esta subtração da graça e diminuição de fervor.

Nenhum Santo houve, tão altamente arrebatado e iluminado, que, cedo ou tarde, não fosse tentado.

Não é digno de ser elevado à sublime contemplação de Deus quem por amor de Deus não sofreu alguma tribulação. A tentação é, de ordinário, sinal da consolação que se lhe há de seguir.

Aos provados pelas tentações é prometida a consolação celeste; *ao vencedor*, diz o Senhor, *darei de comer do fruto da árvore da vida* (Ap 2,7).

8. Deus dá a consolação, a fim de que o homem tenha mais força para suportar a adversidade.

Segue-se-lhe também a tentação para que não se desvaneça do que tem de bom.

O demônio não dorme nem a carne está morta. Não cesses, por isso, de preparar-te para a luta; à direita e à esquerda há inimigos que nunca descansam.

CAPÍTULO X

DA GRATIDÃO PELA GRAÇA DIVINA

1. Por que procuras descanso, tu que nasceste para o trabalho?

Dispõe-te mais à paciência que à consolação, a levar a cruz mais que a ter alegria.

Que homem mundano não aceitaria de bom grado as consolações e alegrias espirituais se delas pudera sempre gozar?

Na verdade, as consolações espirituais sobrelevam todas as delícias do mundo e os prazeres da carne, porque as delícias mundanas ou são vãs ou torpes, só as espirituais são agradáveis e honestas, geradas pela virtude e infundidas por Deus nas almas puras.

Mas destas consolações divinas ninguém pode fruir à medida dos seus desejos, porque as tentações não nos dão trégua por muito tempo.

2. Grande obstáculo às visitas do céu são a falsa liberdade da alma e a demasiada confiança em si.

Deus faz bem dando graça da consolação, mas o homem faz mal não agradecendo e não referindo inteiramente a Deus o dom recebido.

Se a nós não descem abundantes os dons da graça, é porque somos ingratos ao seu Autor e não atribuímos tudo à sua Fonte de origem. Com efeito, a graça é sempre concedida ao que a recebe com a devida gratidão e Deus costuma dar ao humilde o que tira ao soberbo.

3. Não quero consolação que me tire a compunção, nem desejo uma contemplação que me leve ao orgulho.

Nem tudo que é elevado é santo; nem tudo o que é doce é bom; nem todo desejo é puro; nem tudo o que nos agrada, a Deus agrada.

De boa vontade aceito a graça que me torna mais humilde e timorato e melhor me dispõe à renúncia de mim mesmo.

O homem instruído pelo dom da graça e escarmentado pela sua privação não ousará atribuir-se bem algum, antes se confessará pobre e desprovido de tudo.

Dá a Deus o que é de Deus e a ti atribui o que é teu; isto é, agradece a Deus pelas graças recebidas e reconhece que só a ti é devida a culpa e o justo castigo da culpa.

4. Põe-te sempre no último lugar e ser-te-á dado o primeiro, porque não haverá primeiro lugar senão para quem se coloca no último.

Os maiores Santos aos olhos de Deus foram os menores na própria estima; quanto mais gloriosos tanto mais humildes.

Cheios da verdade e da glória do céu, não cobiçam uma glória vã.

Fundados e confirmados em Deus, de nenhum modo se podem ensoberbecer.

Referindo a Deus todo o bem recebido, não procuram a glória que dão os homens, mas querem só a glória que vem de Deus. Seu único desejo e sua contínua aspiração é que Deus, em si e em seus Santos, seja sempre louvado acima de todas as coisas.

5. Sê, pois, agradecido pelo mínimo benefício e tornar-te-ás digno de receber maiores.

Tem por grandes os menores dons e por dádiva singular o que os homens julgam desprezível.

Para quem considera a dignidade de quem dá nenhum dom parecerá pequeno ou insignificante; não pode ser pouco o que vem de um Deus infinito.

Deves agradecer-Lhe, ainda quando te envie penas e castigos, porque é para nossa salvação quando permite que nos aconteça.

Quem deseja conservar a graça de Deus seja reconhecido quando Ele lhe dá e paciente quando lhe retira; ore para que se lhe restitua; ande cauteloso e humilde para não na perder.

CAPÍTULO XI

DO PEQUENO NÚMERO DOS QUE AMAM A CRUZ DE CRISTO

1. Tem Jesus muitos que amam seu reino celeste, poucos que carreguem a sua cruz; muitos desejam as suas consolações, poucos os seus sofrimentos; muitos são os companheiros de sua mesa, poucos de sua abstinência.

Todos almejam gozar com Ele, poucos querem sofrer algo por seu amor.

Muitos acompanham Jesus até ao partir do pão, poucos ao beber do cálice de sua paixão.

Muitos admiram os seus milagres, poucos abraçam a ignomínia da cruz.

Muitos amam a Jesus enquanto não lhes bate à porta a adversidade; louvam-no e bendizem-no enquanto dele recebem consolações.

Se Jesus, porém, se esconde ou deles se afasta por algum tempo, entram logo a queixar-se e a cair em excessivo desalento.

2. Os que amam a Jesus por Jesus e não pela própria satisfação, bendizem-No tanto nas tribulações e angústias como nas maiores consolações.

E ainda quando os não quisesse consolar nunca, eles O louvariam sempre e sempre Lhe dariam graças.

3. Oh! Quanto pode o amor de Jesus quando puro e sem mescla de interesse ou de amor-próprio!

Não merecem porventura o nome de mercenários os que andam sempre à busca de consolações?

Não dão provas de amar mais a si que a Cristo os que não pensam senão em seus cômodos e interesses?

Onde se encontrará quem queira servir a Deus gratuitamente.

4. É raro encontrar uma alma tão adiantada na vida espiritual que esteja desapegada de tudo. O verdadeiro pobre de espírito, desprendido de todas as criaturas, quem o achará? Tesouro precioso que debalde se buscaria até as extremidades da terra (Pr 31,10).

Se o homem abrir mão de toda a sua fortuna, isso é nada.

Se fizer grande penitência, ainda é pouco.

Se adquirir todas as ciências, ainda está longe.

Se tiver grandes virtudes e piedade fervorosa, muito ainda lhe falta; falta-lhe a coisa mais necessária.

Qual? Que, tendo deixado tudo, deixe a si mesmo e saia totalmente de si, sem nenhuma reserva de amor-próprio; e, tendo cumprido o que julga ser seu dever, sinta que nada fez.

5. Não tenha em muita conta o que por grande poderiam estimar os homens, mas com sinceridade se confesse servo inútil, conforme a palavra da Verdade: *depois de terdes feito tudo o que vos foi ordenado*

dizei: somos servos como quaisquer outros; fizemos o que devíamos fazer (Lc 17,10).

Poderá ser então verdadeiramente pobre de espírito e desapegado de tudo, e dizer com o Profeta: *porque estou só e na miséria* (Sl 24,16).

Ninguém, todavia, é mais rico, mais poderoso, mais livre do que aquele que soube deixar a si mesmo e a todas as coisas e colocar-se no último lugar.

CAPÍTULO XII

DA ESTRADA REAL DA SANTA CRUZ

1. A muitos parece dura esta linguagem: *renegue-se a si mesmo, tome cada dia a sua cruz e siga-me* (Lc 9,23).

Muito mais duro, porém, será ouvir aquela última sentença: *retirai--vos de mim, malditos! Ide para o fogo eterno destinado ao demônio e aos seus anjos* (Mt 25,41).

Os que agora ouvem e seguem de boa vontade a palavra da Cruz, não hão de temer um dia a da condenação eterna.

Este sinal da Cruz aparecerá no Céu quando o Senhor vier a julgar (Mt 24,30).

Todos os discípulos da Cruz que conformaram a sua vida com a de Jesus crucificado, com grande confiança aproximar-se-ão de Cristo juiz.

2. Por que temer, pois, tomar a Cruz pela qual se vai ao reino do céu?

Na Cruz estão a salvação, a vida, a proteção contra os inimigos. Na Cruz, a fonte das suavidades celestiais, a fortaleza da alma, a alegria do espírito, a consumação da virtude, a perfeição da santidade.

Não há salvação para a alma nem esperança de vida eterna senão na Cruz.

Toma, pois, a tua Cruz, segue a Jesus e chegarás à vida eterna.

Ele te precedeu carregando a sua Cruz e na Cruz morreu por ti, para que tu também carregues a tua Cruz e na Cruz desejes morrer.

Porque, se com Ele morreres, com Ele viverás e, se Lhe fores companheiro no sofrimento, sê-lo-ás também na glória.

3. Tudo, pois, se encerra na Cruz e se resume em morrer nela.

E não há outro caminho que leve à vida e à verdadeira paz interior senão o caminho da Santa-Cruz e da mortificação cotidiana. Anda por onde quiseres, procura quanto quiseres, não encontrarás caminho mais sublime acima do caminho da Santa-Cruz, nem abaixo dele, caminho mais seguro.

Dispõe e ordena todas as coisas conforme o teu gosto e parecer, e verás que sempre, queiras ou não, hás de padecer alguma coisa, e assim sempre encontrarás a Cruz; porque ou hás de sofrer dores no corpo ou tribulações na alma.

4. Ora serás desamparado por Deus, ora atormentado pelo próximo e, o que mais é, muitas vezes serás pesado a ti mesmo.

E não encontrarás nem remédio que te cure, nem consolação que te alivie, mas terás que sofrer enquanto Deus quiser.

Deus quer, com efeito, que aprendas a sofrer sem consolo, a Ele te submetas totalmente e com a tribulação te tornes mais humilde.

Ninguém sente tão intimamente a paixão de Cristo como o que passou por tormentos semelhantes aos seus.

A Cruz, portanto, está sempre preparada e em todo lugar te espera.

Não poderás fugir, onde quer que te refugies, porque aonde quer que fores te levarás contigo e te encontrarás a ti.

Volta-te para cima ou para baixo, para fora ou para dentro, sempre acharás a cruz e sempre é necessário que tenhas paciência se queres possuir paz interior e merecer a coroa eterna.

5. Se de bom grado levares a cruz, ela te levará a ti e te conduzirá ao fim que desejas, onde já não terás que sofrer; mas não será neste mundo.

Se de má vontade a levares, aumentar-lhe-ás o peso e agravarás a tua carga, e, ainda assim, é forçoso que a suportes.

Se rejeitares uma cruz, outra encontrarás com certeza e talvez mais pesada.

6. Cuidas escapar àquilo de que não se eximiu nenhum mortal?

Que Santo houve no mundo que não teve cruzes e tribulações? Nem Jesus Cristo, Senhor Nosso, passou, em toda a sua vida, uma só hora, sem as dores de sua Paixão. *Porventura não era necessário que Cristo sofresse essas coisas e assim entrasse na sua glória?* (Lc 24,26.46)

Como, pois, buscas outro caminho fora da estrada real da Santa-Cruz?

7. Toda a vida de Cristo foi cruz e martírio e queres descanso e gozo?

Andas errado e muito errado, se buscas outra coisa que não sofrimentos; toda esta vida mortal é cheia de misérias e cercada de cruzes.

E quanto mais progressos na vida espiritual fizer uma alma, tanto mais pesadas serão, muitas vezes, as suas cruzes; porque com o amor crescem as penas do exílio.

8. Mas, entretanto, a quem se acha no meio de tantas provações, não lhe faltará o alívio e consolo, porque sentirá o grande fruto que lhe advém da paciência em levar a sua cruz.

Pois, quando alguém se submete de bom grado, o peso da tribulação todo se converte em confiança que o consola.

E quanto mais se quebranta a carne pela aflição, tanto mais se fortalece interiormente o espírito pela graça.

E, algumas vezes, o desejo de sofrer penas e adversidades para mais se assemelhar a Cristo crucificado inspira tanta força à alma, que ela já não queria viver sem dores e tribulações, persuadida que será tanto mais agradável a Deus quanto mais e maiores trabalhos sofrer por seu amor.

Não é isto virtude humana senão graça de Cristo, que tanto pode e tanto faz em uma carne frágil, que o homem, pelo fervor do espírito, ame e abrace o que, naturalmente, lhe causa aversão e horror.

9. Não é natural ao homem levar a cruz, amar a cruz, castigar o corpo e submetê-lo ao espírito, fugir das honras, sofrer de bom grado as afrontas, desprezar-se e querer ser desprezado, aturar as adversidades e desgraças e não desejar nenhuma prosperidade neste mundo.

Se a ti só olhares, de nada disto és capaz por ti mesmo. Mas se confiares no Senhor, do alto ser-te-á dada a força com que dominarás o mundo e a carne; e se estiveres armado com fé e com o sinal da cruz de Cristo, nem o mesmo inimigo infernal temerás.

10. Dispõe-te, pois, como bom e fiel servo de Cristo a levar com ânimo a cruz do teu Senhor, por teu amor crucificado.

Prepara-te para sofrer muitas adversidades e toda sorte de trabalhos nesta vida miserável; porque é o que te espera onde quer que estejas e o que encontrarás onde quer que te escondas.

É uma necessidade; e não há outro meio de escapar à tribulação dos males e à dor senão ter paciência contigo.

Bebe amorosamente o cálice do Senhor, se queres ser seu amigo e partilhar a sua herança.

Deixa que Deus disponha de suas consolações; que me as distribua como for de seu agrado.

Quanto a ti, prepara-te para padecer tribulações, considerando-as como as consolações mais preciosas, porque *os sofrimentos da presente vida não têm proporção alguma com a glória futura que nos deve ser manifestada* (Rm 8,18), e não poderias merecê-la ainda que, só, os pudesses suportar todos.

11. Quando chegares a ponto de saborear e achar doces as tribulações, por amor de Cristo, dá-te por feliz, porque encontraste o paraíso na terra.

Mas, enquanto te pesa ainda o sofrimento e procuras evitá-lo, ir-te-á mal e a tribulação que foges seguir-te-á em toda parte.

12. Se, porém, te dispões ao que deves, isto é, a sofrer e a morrer, logo te sentirás melhor e acharás a paz.

Ainda que fosses como S. Paulo, arrebatado ao terceiro céu, não estás por isso seguro de nada sofrer. *Eu lhe mostrarei tudo o que terá de padecer pelo meu nome* (At 9,16).

Não te resta, portanto, senão sofrer se queres amar a Jesus e servi-lo sempre.

13. Prouvera a Deus fosses digno de padecer alguma coisa pelo nome de Jesus! Que glória para ti! Que alegria para os Santos de Deus! Que edificação para o próximo!

Na verdade, todos aconselham a paciência, mas poucos querem exercitá-la.

Com razão deveras sofrer um pouco por amor de Cristo, quando tantos por amor do mundo padecem males mais graves.

14. Tem por certo que a tua vida deve ser uma morte contínua; quanto mais cada um morre a si mesmo, tanto melhor começa a viver para Deus.

Só é capaz de compreender as coisas do céu quem se resigna a suportar por amor de Cristo as adversidades.

Nada há mais agradável a Deus, nem mais proveitoso para ti neste mundo, que padecer de boa vontade por Cristo.

E se te dessem a escolher, deveras preferir sofrer, trabalhar por Ele a ser recreado com muitas consolações, porque assim te assemelharias mais a Cristo e melhor te conformarias com o exemplo de todos os Santos.

O nosso merecimento e o progresso na perfeição consistem menos na abundância das doçuras e consolações do que em passar por grandes trabalhos e provações graves.

15. Se para a salvação do homem houvesse alguma coisa de melhor e mais útil que o sofrimento, Cristo, sem dúvida, haveria ensinado com suas palavras e exemplos.

Ora, aos discípulos que o acompanhavam e a quantos desejam segui-lo, Ele exorta claramente a levar a cruz dizendo: *se alguém quiser vir comigo, renuncie-se a si mesmo, tome sua cruz e siga-me* (Mt 16,24).

Assim, pois, lidas e bem pesadas todas as coisas, seja esta a última conclusão: para entrar no reino de Deus é necessário passar por muitas tribulações (At 14,21).

LIVRO III

DA CONSOLAÇÃO INTERIOR

CAPÍTULO I

DA CONVERSAÇÃO INTERIOR DE CRISTO COM A ALMA FIEL

1. ALMA FIEL. *Escutarei o que diz o Senhor Deus, porque ele diz palavras de paz ao seu povo, para seus fiéis, e àqueles cujos corações se voltam para ele* (Sl 84,9).

Bem-aventurada a alma que ouve o Senhor falar-lhe interiormente e de seus lábios recebe palavras de consolação.

Bem-aventurados os ouvidos atentos ao sopro das divinas inspirações e surdos aos rumores do mundo.

Mil vezes bem-aventurados os ouvidos que escutam, não as vozes de fora, mas os ensinamentos internos da Verdade.

Bem-aventurados os olhos, que, cerrados às coisas externas, estão abertos às interiores.

Bem-aventurados os que penetram os mistérios da alma e, por meio dos exercícios de cada dia, mais e mais se preparam para entender os segredos celestiais.

Bem-aventurados os que suspiram por entregar-se a Deus e se desembaraçam de todos os impedimentos do mundo.

Medita, ó alma, estas coisas, e fecha as portas dos teus sentidos, a fim de poderes ouvir o que te disser o Senhor teu Deus.

2. JESUS CRISTO. Eis o que diz o teu amado: *eu sou a tua salvação* (Sl 34,3), a tua paz e a tua vida.

Conserva-te junto de Mim e encontrarás repouso; deixa todas as coisas que passam e busca as eternas.

Tudo o que é temporal é enganoso, e de nada te valem as criaturas se fores abandonada pelo Criador.

Renuncia a tudo. Sê dócil e fiel ao teu Criador para alcançares a verdadeira bem-aventurança.

Capítulo II

COMO A VERDADE FALA INTERIORMENTE SEM O ESTRÉPITO DE PALAVRAS

1. ALMA FIEL. Falai, Senhor, que o vosso servo escuta (1Rs 3,9-10). *Sou vosso servo: ensinai-me a sabedoria, para que conheça as vossas prescrições* (Sl 118,125).

Inclinai o meu coração às palavras de vossa boca; que elas desçam a mim como o orvalho (Dt 32,2).

A Moisés diziam outrora os filhos de Israel: *Fala-nos tu mesmo, e te ouviremos; mas não nos fale Deus, para que não morramos* (Ex 20,19).

Não, Senhor, não é esta a minha oração; com o profeta Samuel prefiro implorar com humilde desejo: *falai, Senhor, que vosso servo escuta* (1Sm 3,9).

Não me fale Moisés ou outro profeta; falai Vós, Deus e Senhor, que inspirastes e iluminastes todos os profetas; Vós, só, sem eles, podeis ensinar-me perfeitamente; eles, sem Vós, de nada me serviriam.

2. Podem pronunciar palavras, mas não comunicam o espírito.

Falam com eloquência, mas, se calais, não inflamam o coração.

Expõem a letra, mas Vós explicais o sentido.

Propõem os mistérios, mas Vós abre a inteligência do que neles se esconde.

Promulgam os mandamentos, mas Vós ajudais a cumpri-los. Mostram o caminho, mas Vós dais a força para o trilhar. Atuam de fora, mas Vós iluminais e instruís os corações. Regam a superfície, Vós dais a fecundidade.

Clamam com palavras, Vós concedeis inteligência para entendê-las.

3. Não me fale, pois, Moisés, mas Vós, meu Deus e Senhor, Verdade eterna, para que não me suceda que morra e fique estéril, se for ensinado de fora e não abrasado por dentro; para que não me sirva de condenação a vossa palavra ouvida e não praticada, conhecida e não amada, crida e não observada.

Falai, pois, Senhor, que vosso servo escuta (1Sm 3,9-10); *tendes as palavras de vida eterna* (Jo 6,68).

Falai-me para consolação de minha alma e reforma de minha vida; falai para louvor, glória e perpétua honra vossa.

CAPÍTULO III

QUE AS PALAVRAS DE DEUS SE DEVEM OUVIR COM HUMILDADE E COMO MUITOS NÃO AS CONSIDERAM

1. JESUS CRISTO. Ouve, filha, as minhas palavras, palavras cheias de suavidade, superiores a toda a sabedoria dos filósofos e dos sábios do mundo.

As palavras que vos tenho dito são espírito e vida (Jo 6,63) e não devem ser julgadas humanamente, nem constituir motivo de vã complacência; mas importa ouvi-las com profunda humildade e intenso amor.

2. ALMA FIEL. E eu disse: *feliz o homem a quem ensinais, Senhor, e instruís em vossa Lei, para lhe dar a paz no dia do infortúnio* (Sl 93,12-13).

3. JESUS CRISTO. Eu ensinei os profetas desde o começo, diz o Senhor, e até agora não deixo ele falar a todos os homens; muitos, porém, ficam surdos e insensíveis à minha voz.

A maior parte dos homens prefere ouvir a voz do mundo à de Deus e segue mais facilmente os desejos da carne que a vontade divina.

Promete o mundo bens caducos e insignificantes e é servido com empenho; Eu prometo bens soberanos e eternos, e o coração dos homens permanece insensível.

Quem com tanta solicitude me serve e obedece em tudo como se serve o mundo e os seus potentados?

Envergonha-te, Sidônia, porque o mar, a fortaleza do mar te diz (Is 23,4) e, se queres saber a causa, presta-me ouvidos.

Por uma pequena prebenda empreendem-se longas caminhadas, pela vida eterna muitos mal levantam o pé da terra.

Procura-se o lucro mais vil; por uma moeda armam-se muitas vezes vergonhosos processos; por uma bagatela ou promessa mesquinha sofrem-se, noite e dia, mil incômodos.

4. Mas, ó vergonha, pelo bem imutável e pela recompensa sem preço, pela honra suprema e pela glória sem fim, furta-se o corpo ao menor trabalho.

Envergonha-te, pois, servo preguiçoso e murmurador, de ver outros mais prontos para se perderem que tu para te salvares, mais alegres nas suas vaidades que tu na Verdade.

Entretanto não raro são frustradas as suas esperanças, mas a minha promessa a ninguém falha nem deixa de mãos vazias a quem em Mim confia.

Dar-lhe-ei o que prometi; o que disse cumprirei, contanto que permaneça, até ao fim, fiel ao meu amor.

Eu sou quem remunera os bons e submete os justos a fortes provações.

5. Grava no teu coração e medita com diligência as palavras; na hora da tentação te serão muito necessárias.

O que não entendes quando lês, compreenderás no dia da minha visita.

De duas maneiras costumo visitar os meus escolhidos: pela tentação e pela consolação.

E duas lições dou-lhes cada dia: repreendo-lhes os vícios e exorto-os a progredir na virtude.

Quem me despreza e não recebe minhas palavras tem que o julgue; a palavra que anunciei, essa o julgará no último dia (Jo 12,48).

ORAÇÃO

PARA IMPLORAR A GRAÇA DA DEVOÇÃO

6. ALMA FIEL. Meu Deus e Senhor, sois todo o meu bem. E quem sou eu para atrever-me a falar-Vos?

Sou o mais pobre dos vossos servos, vermezinho abjeto da terra, muito mais pobre e desprezível do que eu mesmo sei e ouso dizer.

Lembrai-Vos, porém, Senhor, que nada sou, nada tenho e nada valho.

Vós só sois bom, justo e santo; tudo podeis, tudo dais, tudo encheis; só ao pecador deixais vazio.

Lembrai-vos, de vossas misericórdias (Sl 24,6); enchei meu coração de vossa graça, Vós que não quereis fique vazia nenhuma de vossas obras.

7. Como poderei suportar-me nesta vida miserável, se me não fortificar a vossa misericórdia e a vossa graça?

Não me oculteis a vossa face (Sl 142,7); não demoreis a vossa visita; não me priveis de vossa consolação, para *que minha alma não fique, diante de Vós, como terra sem água* (Sl 142,6).

Ensinai-me, Senhor, a fazer a vossa vontade (*Ibid. 10*); ensinai-me a estar digna e humildemente em Vossa presença. Sois a minha sabedoria, Vós, que me conheceis em verdade e já me conhecíeis antes que fosse criado o mundo e antes que nele eu nascesse.

CAPÍTULO IV

DE COMO SE DEVE ANDAR NA PRESENÇA DE DEUS EM VERDADE E HUMILDADE

1. JESUS CRISTO. Filho, anda em verdade na minha presença e busca-me sempre na simplicidade de teu coração.

Quem anda em verdade na minha presença será protegido contra as ciladas do inimigo, e a verdade o livrará das seduções e calúnias dos maus.

Se a verdade te livrar, serás verdadeiramente livre e pouco se te dará das vãs palavras dos homens.

2. ALMA FIEL. Senhor, bem verdade é o que dizeis; peço-Vos que assim aconteça comigo.

Ensine-me a vossa verdade, defenda-me e conserve-me até o fim no caminho da salvação; livre-me dos maus desejos e de toda afeição desregrada; e andarei na vossa presença com grande liberdade de coração.

3. JESUS CRISTO. Eu te ensinarei, diz a Verdade, o que é justo e agradável aos meus olhos.

Relembra teus pecados com tristeza e profundo pesar, te tenhas em alguma conta por causa do bem que fazes.

Na verdade és pecador, sujeito a muitas paixões que te enleiam.

De ti sempre tendes para o nada; bem depressa resvalas e és vencido; uma insignificância te perturba e desanima.

Nada tens de que te possas gloriar; muito, porém, de que te devas humilhar, porque és muito mais fraco do que podes conceber.

4. Nada do que fazes te pareça grande.

Só o que é eterno é grande, precioso e admirável, elevado e digno de estima, louvor e desejo.

Preza, acima de todas as coisas, a verdade eterna, e por tua extrema baixeza não tenhas senão desprezo.

Nenhuma coisa temas, reproves e fujas tanto como os teus vícios e pecados que mais te devem desgostar que todas as perdas deste mundo.

Alguns não andam com sinceridade na minha presença, mas levados de certa curiosidade e arrogância pretendem descobrir os meus segredos e penetrar as profundezas de Deus, descuidando-se de si e da própria salvação.

Desses eu me aparto, por causa de sua curiosidade e soberba caem muitas vezes em grandes tentações e pecados.

5. Teme os juízos de Deus e treme ante a cólera do Onipotente.

Não discutas as obras do Altíssimo, mas examina as tuas iniquidades, o mal que tantas vezes cometeste, o bem que tantas vezes negligenciaste.

Alguns fazem consistir toda a sua devoção nos livros, outros nas imagens, outros ainda em sinais e figuras exteriores.

Alguns me trazem nos lábios, mas poucos no coração.

Outros, porém, há que, esclarecidos e purificados interiormente, aspiram sempre pelos bens eternos; custa-lhes ouvir falar das coisas da terra; só a contragosto se sujeitam às necessidades da natureza.

Estes ouvem quanto lhes diz o Espírito que lhes ensina a desprezar os bens da terra e a amar os eternos, a esquecer o mundo e a desejar o céu dia e noite.

CAPÍTULO V

DOS ADMIRÁVEIS EFEITOS DO AMOR DIVINO

1. ALMA FIEL. Bendito sejais, Pai do Céu, Pai do meu Senhor Jesus Cristo, por Vos haverdes dignado lembrar-Vos de mim, pobre criatura.

Pai das misericórdias, Deus de toda a consolação (2Cor 1,3), graças vos dou porque, apesar de minha indignidade, me confortais algumas vezes com as vossas consolações.

Sede para todo o sempre bendito e glorificado com o Vosso Filho Unigênito e o Espírito Santo Consolador, por todos os séculos dos séculos.

Meu Deus e Senhor, santo amigo de minha alma, quando descerdes ao meu coração, de alegria exultarão as minhas entranhas.

Sois a minha glória e o júbilo de minha alma. Esperança minha e meu refúgio no dia da tribulação.

2. Mas porque ainda é fraco o meu amor e imperfeita a minha virtude, preciso ser por Vós fortalecido e consolado; visitai-me, pois, Senhor, mais vezes e ensinai-me a vossa santa doutrina.

Livrai-me das paixões más e curai meu coração de todas as afeições desregradas, para que sarado e purificado interiormente me torne apto para amar, forte para sofrer, firme para perseverar.

3. Grande coisa o amor! Bem verdadeiramente inestimável. Só ele torna leve o que é pesado e suporta com igualdade da alma todas as desigualdades da vida. Leva a sua carga sem lhe sentir o peso e torna doce e saboroso tudo o que é amargo.

O amor generoso de Jesus impele a grandes cometimentos excita-nos sempre ao mais perfeito.

O amor aspira a elevar-se e não se detém em coisas baixas.

O amor deseja ser livre e desembaraçado de toda a afeição mundana para que o seu olhar penetre até Deus sem obstáculos e não seja retardado por nenhum bem nem abatido por nenhum mal da terra.

Nada mais doce que o amor, nada mais forte, nada mais sublime, nada mais amplo, nada mais delicioso, nada mais perfeito nem melhor no céu e na terra; porque o amor vem de Deus e só em Deus, acima de todas as criaturas, pode descansar.

4. Quem ama corre, voa, vive alegre, é livre e nada o embaraça.

Dá tudo para possuir tudo e tudo possui em todas as coisas, porque sobre todas descansa no Único sumo Bem do qual dimanam e procedem todos os bens.

Não considera os bons, mas aquele que os dá e o prefere a todos os bens.

O amor muitas vezes não conhece medida; a toda medida excede o seu ardor.

Nada lhe pesa, nada lhe custa; quer mais do que pode, não alega impossibilidade, porque julga que tudo lhe é possível e permitido.

Por isso tudo pode, realiza e leva a termo muitas coisas que esmorecem e prostram a quem não ama.

5. O amor está sempre vigilante e ainda no sono não dorme.

Nenhuma fadiga o cansa, nenhuma angústia o oprime, nenhum terror o amedronta; como chama viva e labareda ardente irrompe para o alto e passa livre.

Quem ama compreende o brado do amor. Bem alto clama aos ouvidos de Deus o afeto da alma abrasada que diz: Meu Deus! Meu amor! Sois todo meu, e eu, todo vosso.

6. Dilatai-me no amor para que eu aprenda a saborear no fundo do coração como é doce amar e a derreter-me e nadar no vosso amor.

Empolgue-me o amor e eleve-me acima de mim mesmo nos transportes de seu enlevo.

Entoe o cântico do amor; siga-Vos nas alturas, Amado de minha alma, e em júbilos de amor desfaleça nos vossos louvores.

Ame-Vos mais que a mim; e a mim não ame senão por Vós, e em Vós ame todos os que deveras Vos amam, como ordena a lei do amor que de Vós irradia.

7. O amor é pronto, sincero, piedoso, alegre e afável, forte, sofredor, fiel, prudente, magnânimo, varonil e nunca busca a si mesmo, porque desde que alguém busca a si mesmo cessa logo de amar.

O amor é circunspeto, humilde e reto; sem moleza, sem leviandade nem preocupação de coisas vãs; sóbrio, casto, perseverante, tranquilo e recatado na guarda de todos os sentidos.

O amor é submisso e obediente aos superiores, vil e desprezível aos próprios olhos, dedicado e agradecido a Deus; nele sempre confia e espera ainda quando não lhe saboreia as consolações, porque sem dor não se vive em amor.

8. Quem não está disposto a sofrer tudo e a fazer sempre a vontade do Amado não merece o nome de amante.

Quem ama, por amor do Amado, deve abraçar com prazer tudo o que há de mais duro e amargo e dele não se separar por nenhuma contrariedade.

CAPÍTULO VI

DA PROVA DO VERDADEIRO AMOR

1. JESUS CRISTO. Filho, não é ainda bastante forte e esclarecido o teu amor.

2. ALMA FIEL. Por que, Senhor?

3. JESUS CRISTO. Porque, à menor contrariedade, deixas a obra começada, e buscas as consolações com demasiada avidez.

Quem é forte no amor permanece firme na tentação e não cede às sugestões astuciosas do inimigo. Na prosperidade, como na adversidade, seu coração está sempre comigo.

4. Quem é esclarecido no amor não considera tanto o dom dei quem ama como o amor de quem dá; cativa-o mais o afeto que o benefício; e acima de todos os dons coloca o seu Amado.

Quem me ama com amor generoso coloca-me acima de todos os meus dons e só em Mim descansa.

5. Não julgues, porém, que tudo está perdido, se às vezes não experimentas, para comigo ou com os meus Santos, os sentimentos que desejas.

Este afeto doce e terno que algumas vezes sentes é efeito da presença de minha graça e um como antegosto da pátria celeste; nele, porém, não te deves apoiar muito porque vem e vai.

Mas pelejar contra movimentos desregrados da alma e desprezar as sugestões do demônio, sinal é de virtude sólida e de grande merecimento.

6. Não te perturbem, pois, as imaginações estranhas, qualquer que seja o seu objeto.

Conserva firme o teu propósito e reta a tua intenção diante de Deus.

Nem tenhas por ilusão se algumas vezes és repentinamente arrebatado em êxtase e logo depois recais nas misérias que de ordinário ocupam o teu coração.

Não és a causa delas, antes as padeces contra vontade, e enquanto te desagradam e resistes tens merecimento e não culpa.

7. Está certo que o antigo inimigo se esforça de todos os modos por abafar os teus bons desejos e afastar-te dos exercícios de piedade, como o culto dos Santos, a piedosa lembrança de minha paixão, a recordação proveitosa dos teus pecados, a guarda do próprio coração, o propósito firme de progredir na virtude.

Sugere-te muitos pensamentos maus para causar-te horror e tédio, e para apartar-te da oração e das santas leituras.

Desagrada-lhe a confissão humilde e, se pudera, faria que deixasses a comunhão.

Não lhes dês crédito nem te preocupes com ele ainda que multiplique as armadilhas para enganar-te.

Quando te sugerir pensamentos maus e impuros, lança-lhes em rosto e dize: vai-te, espírito imundo; envergonha-te, miserável; bem impuro deves de ser para me insinuares tais torpezas. Aparta-te de mim, detestável embusteiro; não terás em mim parte alguma; comigo está Jesus, como guerreiro invencível, e tu ficarás confuso. Antes quero morrer ou sofrer todos os tormentos que pactuar contigo. Cala e não me fales mais; não te quero dar ouvidos por mais que me importunes. O Senhor é minha luz e minha salvação, a quem temerei? Se todo um exército se acampar contra mim, não temerá meu coração (Sl 26,1-3). O Senhor é meu auxílio e minha Redenção (Sl 18,15).

8. Peleja como bom soldado, e se alguma vez sucumbes por fragilidade recobra maiores forças, confiado na minha graça mais abundante.

Guarda-te bem de qualquer vã complacência e da soberba que induzem muitos no erro e os precipitam em uma cegueira quase incurável.

A queda destes soberbos que loucamente presumem de si sirva-te como lição contínua de vigilância e de humildade.

CAPÍTULO VII

DA NECESSIDADE DE OCULTAR A GRAÇA SOB A GUARDA DA HUMILDADE

1. JESUS CRISTO. Filho, mais útil e mais seguro para ti é conservar e ocultar a graça da devoção, sem te desvaneceres nem falares nela ou lhe dares muito peso; antes desprezando-te a ti mesmo e temendo que haja sido dada a quem dela era indigno.

Não deves apegar-te demasiadamente a um sentimento que bem depressa pode mudar-se no contrário.

Quando possuis a graça, lembra-te da pobreza e miséria que costumas experimentar, quando ela te falta.

Não consiste o progresso da vida espiritual só em receber as consolações da graça, mas em suportar-lhes a privação com humildade, abnegação e paciência, sem afrouxar no zelo da oração nem interromper as tuas ocupações habituais. Mas, como melhor puderes e entenderes, faze com gosto o que está em tuas mãos, sem descuidar completamente a tua alma por causa da aridez e das inquietações que sentes.

2. Muitos há, com efeito, que, se lhes não correm bem as coisas, se impacientam e desanimam.

Bem sei, Senhor, que não é o homem dono de seu destino (Jr 10,23); mas a Deus pertence consolar e dar quando quer, quanto quer e a quem quer, conforme lhe aprouver e não mais.

Outros, indiscretos, arruinaram-se pelo ardor da devoção, porque quiseram fazer mais do que podiam, sem pesar a própria fraqueza, seguindo mais o ímpeto do coração que os ditames da razão.

E porque na sua presunção quiseram elevar-se mais alto do que Deus queria, bem depressa perderam a graça.

Os que no céu haviam colocado o seu ninho caíram na própria baixeza e miséria, a fim de que, humilhados e empobrecidos, aprendessem a refugiar-se sob as minhas asas e não a voar com as próprias.

Os novos e inexperientes nos caminhos do Senhor, se não se deixam guiar pelos conselhos de pessoas prudentes, facilmente se podem enganar e perder.

3. Se quiserem seguir antes o próprio parecer do que acreditar nas pessoas mais experimentadas, correrá risco a sua salvação, a menos que renunciem ao seu modo de ver.

Os que se têm na conta de sábios raras vezes se deixam guiar pelos outros com humildade.

Mais vale uma ciência modesta acompanhada de humildade e simplicidade de espírito, do que grande cabedal de saber com vã complacência.

Para ti melhor é possuir pouco do que ter grandes riquezas que te ensoberbeçam.

Não procede com prudência quem se entrega todo à alegria, esquecido da sua antiga miséria e do casto temor de Deus, que receia perder a graça recebida.

Nem tampouco dá mostra de sabedoria e virtude quem, no tempo da adversidade e do sofrimento, se deixa invadir de excessivo desânimo e, nos seus pensamentos e afetos, confia menos em Mim do que devia.

4. Quem na paz quer viver com demasiada segurança, será facilmente um medroso e cobarde no tempo da guerra.

Se soubesses conservar-te interiormente sempre humilde e pequenino e governar e dirigir os movimentos de tua alma, não cairias tão depressa na tentação e no pecado.

Bom conselho é pensar, no tempo do fervor, o que serás quando já não fores iluminado pela luz da graça.

E quando, de fato, te vires privado dela, pensa que de novo poderá voltar esta luz que, para teu proveito e glória minha, retirei por algum tempo.

5. E, muitas vezes, mais útil esta prova do que se tudo te correra sempre bem, à medida dos teus desejos.

Para julgar do mérito de alguém não se deve examinar se tem muitas visões e consolações, se é perito nas Escrituras ou se foi colocado em dignidades mais elevadas.

Tem mais merecimento aquele que se acha firmado em verdadeira humildade e cheio de caridade divina, que procura sempre e em tudo unicamente a glória de Deus, que se tem em nenhuma conta e sinceramente se despreza, que prefere ser esquecido e humilhado a ser honrado pelos outros.

CAPÍTULO VIII

DA VIL ESTIMA DE SI MESMO AOS OLHOS DE DEUS

1. ALMA FIEL. *Não leveis a mal, se ainda ouso falar ao meu Senhor, embora seja eu pó e cinza* (Gn 18,27). Se me tiver em melhor conta, Vós vos elevais contra mim; e minhas iniquidades dão um testemunho que não posso contradizer.

Se, porém, me humilhar e aniquilar, se me despir de toda estima e me reduzir ao pó que sou, ser-me-á propícia a vossa graça e alumiará o meu coração a vossa luz, e qualquer sentimento e estima própria, por menor que seja, desaparecerá no abismo do meu nada e perecerá para sempre.

Aí me dais a conhecer a mim mesmo, descobrindo-me o que sou, o que fui e até que ponto cheguei; porque sou nada e não o sabia.

Se me deixais entregue a mim mesmo, sou todo fraqueza e puro nada, mas se lançais sobre mim os vossos olhos, logo me sinto forte e cheio de nova alegria.

E é por certo grande maravilha como tão de repente me levantais e com tanta benignidade tornais nos vossos braços a quem, pelo seu próprio peso, sempre pende para a terra.

2. Obra é esta do vosso amor que me previne gratuitamente, que me socorre em tantas necessidades, que me preserva de tão graves perigos e, a bem dizer, me livra de males sem conta.

Amando-me desordenadamente, perdi-me; buscando só a Vós e amando-Vos sinceramente, achei ao mesmo tempo a Vós e a mim e o vosso amor abismou-me mais profundamente no meu nada.

Ó dulcíssimo Senhor, Vós me tratais muito acima do meu merecimento, muito acima de quanto ousaria esperar ou pedir.

3. Bendito sejais, meu Deus; apesar de indigno de vossos benefícios, não cessa vossa generosidade e bondade infinita de bem fazer ainda aos ingratos e aos que se apartaram de Vós.

Convertei-nos a Vós, para que sejamos gratos, humildes e fervorosos, porque sois a nossa salvação, nossa virtude e nossa fortaleza.

CAPÍTULO IX

DE QUE TUDO SE DEVE REFERIR A DEUS, COMO A SEU ÚLTIMO FIM

1. JESUS CRISTO. Filho, se desejas de verdade ser feliz, Eu devo ser teu fim último e supremo.

Com esta intenção purificarás os teus afetos muitas vezes mal inclinados para ti e para as criaturas. Porquanto, se em alguma coisa buscas a ti mesmo, logo cais em desfalecimento e secura.

Acima de tudo, refere todas as coisas a Mim, que sou quem te dá tudo.

Considera que todos os bens dimanam do Soberano Bem e, por isso, a Mim se devem referir, como à sua origem.

2. Em Mim, como em fonte inesgotável, grandes e pequenos, ricos e pobres vêm haurir água viva e os que me servem espontânea e livremente receberão graça por graça.

Aquele, porém, que, fora de Mim, procurar a sua glória ou se deleitar em algum bem particular, não terá alegria estável e verdadeira, e o seu coração, longe de dilatar-se, encontrará mil embaraços e angústias.

A ti nada refiras de bom, nem a homem algum atribuas a sua virtude; mas dá tudo a Deus, sem o qual nada possui o homem.

Eu dei tudo; tudo quero reaver, e com grande rigor exijo as graças que me são devidas.

3. Esta é a verdade que afugenta a vã glória. E onde reina, a graça celeste e a verdadeira caridade já não haverá lugar para a inveja, para a tortura de coração ou para o amor-próprio.

A caridade divina tudo vence e multiplica as forças da alma.

Se és verdadeiro sábio, só em Mim te alegrarás, só em Mim porás a tua esperança; porque *só Deus é bom* (Lc 18,19) a quem em tudo e acima de tudo se deve louvor e bênção.

CAPÍTULO X

DE COMO É DOCE SERVIR A DEUS DEPOIS DE HAVER DESPREZADO O MUNDO

1. ALMA FIEL. De novo Vos falarei agora, Senhor, e não me calarei; direi ao meu Deus, meu Senhor e meu Rei que habita nas alturas: *Quão grande é, Senhor, vossa bondade, que reservastes para os que vos temem* (Sl 30,20).

E que será para os que Vos amam e Vos servem de todo o coração?

É deveras inefável a doçura da contemplação com que inundais os que Vos amam.

Vós manifestastes a ternura do vosso amor principalmente porque eu não existia e Vós me criastes, eu andava longe de Vós transviado e me reconduzistes ao vosso serviço; e me destes o preceito de amar-Vos.

2. Fonte de amor eterno! Que direi de Vós?

Como poderei esquecer-me de Vós que Vos dignastes lembrar-Vos de mim, ainda depois de me haver desgraçado e perdido!

Usastes de misericórdia com vosso servo além de toda esperança, e acima de todo merecimento lhe concedestes a vossa graça e a vossa amizade.

Que Vos retribuirei por tão grande graça? Sim, nem a todos é dado deixar tudo, renunciar ao mundo e abraçar a vida religiosa.

Será, porventura, muito servir-Vos eu, quando toda criatura está obrigada a servir-Vos?

Não, que Vos sirva não me parece grande coisa; grande coisa sim e admirável é que Vos digneis receber-me a mim, tão pobre e indigno, como servo vosso e unir-me aos vossos servos queridos.

3. Vosso é tudo o que tenho e com que Vos sirvo. E no entanto, como se inverteram os papéis! Vós me servis mais a mim do que eu a Vós!

Aí estão o céu e a terra que criastes para uso do homem e obedecem a vosso aceno e fazem todos os dias o que lhes determinastes.

E isto ainda é pouco; também os Anjos pusestes a serviço do homem.

Mas o que excede tudo isto é que Vós mesmo Vos dignais servir ao homem e prometestes ser a sua recompensa.

4. Que Vos darei por estes benefícios sem conta?

Quem me dera poder servir-Vos todos os dias da minha vida! Quem me dera, ao menos um dia, servir-Vos dignamente! Sois, em verdade, digno de toda a homenagem, de toda a honra e de eterno louvor!

Sois, em verdade, meu Senhor, e eu pobre servo vosso, que Vos devo servir com todas as minhas forças, sem nunca esmorecer nos vossos louvores.

Assim o quero, assim o desejo; dignai-Vos suprir o que me falta.

5. Grande honra e grande glória é servir-Vos e tudo desprezar por vosso amor.

Graças abundantes receberão, por certo, os que espontaneamente se submeteram ao vosso santo serviço.

Consolação suavíssima do Espírito Santo encontrarão os que por vosso amor desprezarem os deleites dos sentidos.

Grande liberdade de espírito hão de gozar os que, pela glória do vosso nome, entrarem no caminho estreito e renunciarem a todas as solicitudes do mundo.

Oh! Feliz e alegre serviço de Deus em que o homem verdadeiramente se faz livre e santo!

Oh! Sagrada sujeição da vida religiosa que torna o homem aceito a Deus, igual aos anjos, temível aos demônios, respeitável aos fiéis!

Oh! Serviço divino que sempre devemos desejar e abraçar, porque nos merece o sumo Bem e nos assegura uma alegria eterna!

CAPÍTULO XI

DE COMO SE DEVE EXAMINAR E MODERAR OS DESEJOS DO CORAÇÃO

1. JESUS CRISTO. Filho, deves aprender muitas coisas que não tens ainda bem sabidas.

2. ALMA FIEL. Quais, Senhor?

3. JESUS CRISTO. Deves submeter totalmente os teus desejos à minha vontade, não deves amar-te a ti, mas desejar com ardor tudo o que me agrada.

Muitas vezes inflamam-se os teus desejos e te impelem com veemência; examina, porém, se o que te move é a minha glória ou o teu interesse.

Se a Mim me tens em vista, ficarás contente, quaisquer que forem as minhas determinações, mas, se lá ocultamente buscas a ti mesmo, sentir-te-ás embaraçado e aflito.

4. Guarda-te, pois, de apegar-te em demasia aos desejos que formaste sem Me consultar, porque pode ser que depois te arrependas ou te desgoste o que a princípio te agradou ou pareceu melhor.

Não se deve, com efeito, seguir logo qualquer desejo que parece bom ou tampouco rejeitar imediatamente qualquer impressão que nos causa repugnância.

Convém, às vezes, moderar até os ardores do zelo e os bons desejos, para que, com a sofreguidão, não dissipes o espírito; com a indisciplina, não dês escândalo aos demais, ou ainda com a resistência dos outros, não te deixes logo invadir pela perturbação e pelo abatimento.

5. Outras vezes, porém, é necessário usar de violência e resistir com energia aos apetites dos sentidos, não atendendo ao que quer ou não quer a carne, mas trabalhando para submetê-la ao espírito ainda contra a sua vontade.

6. Importa castigá-la e constrangê-la à sujeição até que a tudo esteja disposta, aprenda a contentar-se de pouco, a gostar das coisas simples e a não resmungar contra o que lhe desagrada.

Capítulo XII

COMO ADQUIRIR A PACIÊNCIA E LUTAR CONTRA AS PAIXÕES

1. ALMA FIEL. Meu Senhor e meu Deus, vejo quão necessária me é a paciência, porque são muitas as contrariedades que ocorrem na vida.

Por mais que faça para ter paz, não se me passa a vida sem luta e sem dor.

2. JESUS CRISTO. Assim é, filho; mas não quero que procures uma paz isenta de tentações e contratempos; antes crê que encontraste a paz ainda quando padeces muitas tribulações e és provado por muitas adversidades.

Se disseres que não podes sofrer tanto, como suportarás o fogo do purgatório?

De dois males sempre se deve escolher o menor. A fim de evitares, pois, os suplícios eternos, trata de sofrer com paciência, por amor de Deus, os males da vida presente.

Julgas talvez que os homens do mundo pouco ou nada têm que sofrer? Nenhum encontrarás sem sofrimento, ainda que interrogues os que vivem nas maiores delícias.

3. Dirás que têm muitos divertimentos e seguem os próprios apetites e, por isto, pouco lhes pesam as tribulações.

4. Seja assim, tenham tudo o que quiserem, mas quanto tempo lhes há isso de durar?

Os ricos do mundo *desaparecerão como fumaça* (Sl 36,20) e de suas alegrias passadas não ficará nenhuma lembrança.

E, ainda durante a vida, delas não gozam sem amarguras, sem aborrecimentos e sem temor.

Muitas vezes donde colheram prazer lhes advém o castigo da dor.

E é justo que a ignomínia e a amargura sejam o termo de prazeres desregradamente buscados.

Oh! Como são breves e falsos, desordenados e torpes todos estes prazeres!

Mas os homens são tão embriagados e cegos que o não compreendem, e, como animais sem razão, por miserável deleite nesta vida fugaz, incorrem na morte eterna.

Quanto a ti, filho, *não te deixes levar por tuas más inclinações, e refreia os teus apetites* (Eclo 18,30). *Põe tuas delícias no Senhor, e os desejos do teu coração ele atenderá* (Sl 36,4).

5. Se queres a verdadeira alegria e as consolações abundantes, despreza todas as coisas do mundo e aparta-te dos prazeres da terra, e eu te abençoarei e derramarei sobre ti copiosas consolações.

E quanto mais renunciares às consolações das criaturas, tanto mais suaves e eficazes receberás as minhas.

Mas não as conseguirás, a princípio, sem alguma tristeza e sem o esforço da luta.

Resistirá o hábito inveterado, mas será vencido por outro melhor.

Murmurará a carne, mas será dominada pelo fervor do espírito.

Não te deixará de tentar e irritar a serpente antiga, mas a afugentarás com a oração e, com a ocupação útil, lhe fecharás a porta de tua alma.

CAPÍTULO XIII

COMO SE DEVE OBEDECER HUMILDEMENTE A EXEMPLO DE JESUS CRISTO

1. JESUS CRISTO. Filho, quem procura subtrair-se à obediência, subtrai-se à graça, e quem procura bens particulares priva-se dos comuns.

Quem não se sujeita voluntariamente e de bom grado ao superior, mostra que a sua carne ainda não está perfeitamente submissa, mas ainda recalcitra e murmura.

Aprende, pois, a submeter-te prontamente ao superior se queres subjugar a própria carne.

Mais depressa se vence o inimigo de fora, se dentro de si mesmo o homem não está em guerra.

Não há inimigo mais temível e mais perigoso da tua alma do que tu mesmo quando não obedeces ao espírito.

É preciso aprender a desprezar-te sinceramente, se queres vencer a carne e o sangue.

Porque ainda te amas mui desordenadamente, encontras dificuldades em resignar-te de todo à vontade alheia.

2. Que muito é te sujeitares ao homem por amor de Deus, tu que és pó e nada, quando Eu, o Onipotente e o Altíssimo, que do nada criei todas as coisas, me sujeitei humildemente ao homem por amor de ti!

Fiz-me o mais humilde e o último de todos para que a minha humildade te ensinasse a vencer a tua soberba.

Aprende, pó, a submeter-te; terra e limo, aprende a humilhar-te e a meter-te debaixo dos pés de todos.

Aprende a quebrar a tua vontade e não recusar nenhuma obediência.

3. Inflama-te de zelo contra ti mesmo e não permitas viver em ti o menor orgulho; faze-te tão pequenino e tão submisso que possam todos andar por cima de ti e pisar-te aos pés como o *barro das estradas* (Sl 17,43).

De que te podes queixar, homem tolo?

Que podes responder aos que te exprobram, vil pecador, que, tantas vezes, ofendeste a Deus e, muitas, mereceste o inferno?

Perdoou-te, porém, a minha bondade, porque é preciosa aos meus olhos a tua alma e para que conhecesses o meu amor, e me fosses grato aos meus benefícios e te desses à verdadeira sujeição e humildade, sofrendo os desprezos com paciência.

CAPÍTULO XIV

COMO DEVEMOS CONSIDERAR OS OCULTOS JUÍZOS DE DEUS PARA NÃO NOS DESVANECERMOS DO BEM QUE FAZEMOS

1. ALMA FIEL. Sobre mim, Senhor, trovejais os vossos juízos; temem e tremem os meus ossos e enche-se-me a alma de pavor.

Assim atônito considero que *nem os céus são puros aos vossos olhos* (Jó 15,15). *Até mesmo nos seus anjos encontra defeito* (Jó 4,18) e os não poupastes, que será de mim?

E as estrelas do céu caíram na terra (Ap 6,13); que posso presumir de mim, eu que sou pó?

Precipitaram-se no abismo aqueles cujas obras pareciam dignas de louvor, e os que se nutriam do pão dos Anjos, vi-os deleitarem-se com o alimento dos animais imundos.

2. Não há, pois, santidade, se Vós, Senhor, retirais a mão. Nenhuma sabedoria aproveita, se não a dirigis.

Nenhuma fortaleza ajuda, se não a conservais.

Nenhuma castidade está segura, se não a protegeis.

Inútil a guarda de nós mesmos sem a vossa santa vigilância. Desamparados, afundamos e perecemos; visitados por Vós, erguemo-nos e cobramos vida.

Instáveis somos e Vós nos confirmais; somos tíbios e Vós nos afervorais.

3. Que humilde e baixo conceito devo formar de mim mesmo! Como devo ter em nenhuma conta o pouco bem que talvez possa haver em mim!

Oh! Senhor, como me devo submeter profundamente aos vossos imperscrutáveis juízos, diante dos quais reconheço que sou nada e puro nada!

Oh! Peso imenso! Ó oceano sem fundo e sem margens, onde, de meu, não encontro senão nada em tudo!

Onde, pois, se ocultará a glória? Onde a confiança na própria virtude?

Desaparece toda a vanglória na profundeza de vossos juízos sobre mim.

4. Que é toda a carne em vossa presença?

Gloriar-se-á porventura a argila contra quem a plasmou?

Como pode enfatuar-se com vãos louvores aquele cujo coração está verdadeiramente submisso a Deus?

O mundo inteiro não conseguirá inspirar orgulho em uma alma conquistada pela verdade, nem se deixará levar pelo aplauso dos homens aquele que em Deus firmou toda a sua esperança.

Porque os que falam nada são, hão de desvanecer-se com a sonoridade de suas palavras; *porque sem limites é a sua misericórdia para conosco, e eterna a fidelidade do Senhor* (Sl 116,2).

CAPÍTULO XV

DO MODO DE PROCEDER E FALAR NAS COISAS QUE SE DESEJAM

1. JESUS CRISTO. Filho, dize em todas as coisas: Senhor, assim se faça se for do vosso agrado.

Senhor, se for para a vossa glória, assim se cumpra em vosso nome; Senhor, se vedes que me convém e julgais que isto me é proveitoso, concedei-me que use disto para honra vossa; mas se conheceis que me é nocivo e não aproveita à salvação de minha alma, afastai de mim tal desejo.

Porque nem todo desejo procede do Espírito Santo, ainda que ao homem pareça justo e bom.

Difícil é discernir com certeza se é o bom ou o mau espírito que te leva a desejar isto ou aquilo, ou ainda se és movido pelo teu próprio espírito.

Muitos que, a princípio, pareciam animados pelo bom espírito no fim viram-se iludidos.

2. Assim, pois, o que se te apresenta como apetecível deves desejá-lo e pedi-lo, com temor de Deus e humildade de coração e, principalmente, entregar-me, tudo, com perfeita resignação, dizendo: Senhor, bem sabeis o que é melhor, faça-se isto ou aquilo segundo a vossa vontade.

Dai-me o que quiserdes, na medida que quiserdes e quando quiserdes. Tratai-me como entenderdes, como Vos aprouver e for para maior glória Vossa.

Ponde-me onde quiserdes e em tudo disponde livremente de mim.

Estou em Vossas mãos; virai-me e revirai-me em todos os sentidos.

Eis aqui Vosso servo, pronto para tudo; não desejo viver para mim senão para Vós, oxalá, digna e perfeitamente.

ORAÇÃO

PARA IMPETRAR A GRAÇA DE CUMPRIR A VONTADE DE DEUS

3. ALMA FIEL. Concedei-me, benigníssimo Jesus, a vossa graça para que *junto de mim, tome parte em meus trabalhos* (Sb 9,10) e persevere comigo até o fim.

Dai-me que sempre deseje e queira o que vos for mais aceito e agradável.

Seja sempre minha a vossa vontade; o meu querer siga sempre o vosso e com ele concorde perfeitamente.

Entre mim e Vós haja um só querer e não querer e que nem eu queira senão o que quereis, nem deixe de querer senão o que Vós não quereis.

4. Concedei-me que eu morra a tudo o que é do mundo, e goste de ser desprezado e desconhecido na terra por amor de Vós.

Dai-me que em Vós descanse acima de tudo o que se pode desejar e em Vós encontre paz o meu coração.

Sois a verdadeira paz do coração, seu único repouso; fora de Vós tudo é inquietação e sofrimento. Nesta paz, que sois Vós, Único, Sumo e eterno Bem, *apenas me deito, logo adormeço em paz* (Sl 4,9). Amém.

CAPÍTULO XVI

SÓ EM DEUS SE DEVE BUSCAR A VERDADEIRA CONSOLAÇÃO

1. ALMA FIEL. Tudo o que posso pensar ou desejar para minha consolação, não espero nesta vida mas na futura.

Ainda que eu, só, possuísse todos os bens do mundo e pudesse gozar de todas as suas delícias, é certo que tudo isso não poderia durar muito.

Por onde vês, minha alma, que não podes encontrar consolação plena nem alegria perfeita senão em Deus, que consola os pobres e protege os humildes.

Espera um pouco, Ó alma, espera a divina promessa e terás no céu a abundância de todos os bens.

Se, excessiva e desordenadamente, buscas os bens da terra, perderás os eternos e celestiais.

Usa dos bens temporais e deseja os eternos.

Nenhum dos bens transitórios te poderá satisfazer, porque não foste criada para gozá-los.

2. Ainda que possuísses todos os bens criados, não poderias ser feliz e bem-aventurada, pois só em Deus, que criou todas as coisas, consiste toda a tua bem-aventurança e felicidade, não qual a imaginam e exaltam os amigos insensatos do mundo, senão qual a esperam os fiéis servos de Cristo e, por vezes, antegozam as almas piedosas e os corações puros *cuja conversação está no Céu* (Fl 3,20).

Vã e breve, toda a consolação humana; verdadeira e suave a que a Verdade comunica interiormente.

O homem piedoso leva consigo, em toda parte, o seu Consolador, Jesus, e diz-lhe: sede comigo, Senhor Jesus, em todo lugar e em todo tempo.

Seja minha consolação privar-me de bom grado de toda consolação humana.

E se me faltar também a vossa, sirva-me de consolação suprema a vossa vontade, que assim justamente me prova.

Ele não está sempre a repreender, nem eterno é o seu ressentimento (Sl 102,9).

CAPÍTULO XVII

DE COMO A DEUS SE DEVE ENTREGAR O CUIDADO DE TUDO O QUE NOS RESPEITA

1. JESUS CRISTO. Filho, deixa-me fazer de ti o que me aprouver; sei o que te convém.

Pensas como homem; e julgas muitas coisas como te persuade o afeto humano.

2. ALMA FIEL. Senhor, verdade é o que dizeis. Maior é a vossa solicitude por mim que todo o cuidado que comigo eu mesma possa ter.

Muito arriscado a cair está quem não se apoia em Vós.

Senhor, contanto que a minha vontade permaneça reta e firmada em Vós, fazei de mim o que for do vosso agrado: não pode deixar de ser bom o que de mim fizerdes.

Se me quiserdes nas trevas, sede bendito, se me quiserdes na luz, sede, igualmente, bendito.

3. JESUS CRISTO. Assim, filho, te deves manter se não te queres separar de Mim: igualmente disposto para o sofrimento como para a alegria, para a pobreza e a necessidade como para a abundância e a riqueza.

4. ALMA FIEL. De boa vontade, Senhor, sofrerei por Vós tudo o que Vos aprouver enviar-me.

Indiferentemente, de vossas mãos quero receber bens e males, delícias e amarguras, alegrias e tristezas; e por tudo o que me acontecer dar-Vos graças.

Guardai-me de todo pecado e não temerei a morte nem o inferno.

Contanto que não me aparteis de Vós para sempre nem me risqueis do livro da vida, nenhuma tribulação me poderá prejudicar.

CAPÍTULO XVIII

DE COMO, A EXEMPLO DE CRISTO, SE DEVE LEVAR COM SERENIDADE AS MISÉRIAS DA VIDA

1. JESUS CRISTO. Filho, desci do Céu para a tua salvação; tomei sobre Mim as tuas misérias, não por necessidade, mas por amor, a fim de te ensinar a ser paciente e a suportar sem revolta as misérias da vida.

Da hora em que nasci até a em que expirei na Cruz, nunca estive sem sofrimento.

Vivi em grande penúria dos bens temporais; ouvi muitas vezes queixas contra Mim; sofri com brandura afrontas e ultrajes; pelos benefícios recebi ingratidão, blasfêmias pelos milagres e censuras pela minha doutrina.

2. ALMA FIEL. Senhor, se sofrestes em vossa vida, cumprindo assim, de modo perfeito, o preceito de vosso Pai, justo é que eu, mísero pecador, sofra também com paciência segundo a vossa vontade para minha salvação e leve, enquanto quiserdes, o peso desta vida mortal.

Porque ainda que seja pesada a vida presente, tornou-se, por graça vossa, fonte abundante de merecimentos; e o vosso exemplo e os dos vossos Santos tornaram-na mais suportável às almas fracas.

Nela se encontram muito mais consolações que outrora, na antiga lei, quando se conservava ainda fechada a porta do Céu e mais escuro parecia o caminho da salvação e mui poucos eram os que procuravam o reino de Deus.

Nem mesmo os que então eram justos e se haviam de salvar, podiam entrar no reino dos céus, antes das satisfações da vossa sagrada Paixão e Morte.

3. Oh! Quantas graças Vos devo por Vos haverdes dignado mostrar a mim e a todos os fiéis o caminho reto e seguro para o vosso reino eterno.

Com efeito, a vossa Vida é nossa via; e, pela santa paciência, caminhamos para Vós, que sois a nossa coroa.

Se não nos houvésseis precedido e ensinado, quem pensaria em, seguir-Vos?

Ah! Quantos se deixariam ficar atrás e bem longe de Vós, se não tivessem diante dos olhos vossos sublimes exemplos!

Se com tantos milagres e com tantos ensinamentos somos ainda tíbios, que seria se, para seguir-Vos, não tivéssemos tantas luzes?

CAPÍTULO XIX

DA TOLERÂNCIA DAS INJÚRIAS E DA VERDADEIRA PACIÊNCIA

1. JESUS CRISTO. Que dizes, filho? Considera a minha Paixão e o sofrimento dos Santos e deixa de queixar-te.

Ainda não tendes resistido até o sangue (Hb 12,4).

Bem pouco é o que sofres em comparação de outros que passaram por tantos trabalhos, foram tentados violentamente, duramente atribulados, provados e exercitados de tantos modos.

É bom que te lembres dos sofrimentos alheios, mais pesados, para que suportes mais facilmente tuas pequeninas contrariedades.

E se elas não te parecem pequenas vê se não é isso efeito de tua impaciência.

Pequenas ou grandes, porém, esforça-te por suportá-las com paciência.

2. Quanto melhor te dispuseres a sofrer, tanto mais procederás com sabedoria e maior será o teu merecimento; a firme resolução e o hábito do sofrer tornam até mais suave o sofrimento.

Nem digas: não posso suportar estas coisas de tal pessoa; são ofensas que não se toleram. Injuriou-me gravemente e acusou-me de coisas que nunca me passaram pelo pensamento. De outras pessoas me resignaria de bom grado a sofrer e da maneira que julgar, devo sofrer.

Insensato tal pensamento; em vez de considerar o que é a virtude da paciência e quem há de recompensá-la, põe-se a pesar as pessoas que ofendem e as ofensas recebidas.

3. Nem é verdadeiro sofredor quem não quer sofrer senão o que bem lhe parece e de quem lhe apraz.

Quem possui a verdadeira virtude da paciência não olha quem o maltrata, se seu superior, igualou inferior, se varão bom e santo ou perverso e indigno.

Mas, sem diferença de pessoas, recebe com gratidão das mãos de Deus, e quantas vezes lhe aprouver, todas as adversidades que lhe acontecem e as considera grande lucro; porque não deixará Deus sem recompensa o menor mal sofrido por seu amor.

4. Aparelha-te, pois, para a luta se queres ganhar a vitória.

Sem combate não se alcança a coroa da paciência.

Se recusas o combate, recusas a coroa.

Se desejas, porém, ser coroado, peleja com valor e sofre com paciência.

Sem trabalho não se logra o repouso; sem luta não se conquista a vitória.

5. ALMA FIEL. Senhor, torne-se-me possível, por vossa graça, o que pela natureza me parece impossível.

Bem sabeis quão pouco posso padecer e como logo desanimo com a menor adversidade.

Fazei que eu ame e deseje ser atribulado para glória do vosso nome; de grande proveito para minha alma é padecer e ser mortificado por vosso amor.

CAPITULO XX

DA CONFISSÃO DA PRÓPRIA FRAQUEZA E DAS MISÉRIAS DESTA VIDA

1. ALMA FIEL. *Então eu vos confessei o meu pecado, e não mais dissimulei a minha culpa* (Sl 31,5); confessar-Vos-ei, Senhor, a minha fraqueza.

Um nada muitas vezes me abate e entristece.

Tomo a resolução de agir com energia, mas a menor tentação que sobrevém põe-me logo em grandes angústias.

Por vezes, uma insignificância é a origem de violenta tentação. Outras, quando me considero um tanto seguro, sem sentir, acho-me quase prostrado por um ligeiro sopro.

2. Vede, pois, Senhor, a minha baixeza e fragilidade que *conheceis perfeitamente.*

Tende piedade de mim e *tirai-me do lodo para que me não afunde* (Sl 68,15) e me não arruíne para sempre.

O que tanto me atormenta e confunde aos vossos olhos é ser eu tão fácil de cair e tão fraco para resistir às minhas paixões.

E ainda que lhes não dê pleno consentimento, penoso e incômodo é ver-me por elas infestado; que tédio viver assim nesta luta cotidiana!

Um sinal ainda de minha fraqueza é que os pensamentos abomináveis que me acometem, com muito maior facilidade se assenhoreiam do que se afastam de mim.

3. Dignai-Vos, fortíssimo Deus de Israel, defensor das almas fiéis, pôr os olhos nos trabalhos e dores de vosso servo e assistir-lhe em todos os seus empreendimentos.

Animai-me com celestial fortaleza para que não chegue a dominar-me nem o homem velho e nem esta carne de pecado, ainda não de todo submetida ao espírito e contra a qual importa pelejar até ao último respiro nesta vida miserável.

Oh! Que vida esta em que nunca faltam tribulações e trabalhos, sempre cheia de ciladas e inimigos!

Ainda bem não acaba uma aflição ou tentação, logo chega outra; dura ainda o primeiro combate e já outro sobrevém inesperadamente.

4. E como se pode amar uma vida de tantas amarguras, sujeita a tantas calamidades e misérias?

Como se pode até chamar vida ao que gera tantas mortes e desgraças?

E ainda assim é amada e muitos nela buscam a sua felicidade. Queixamo-nos frequentemente que o mundo é enganoso e vão; e nem por isso o deixam os homens com facilidade, porque são muito poderosos os desejos da carne.

Algumas coisas inclinam-nos a amar o mundo, outras, a desprezá-lo.

Ao amor do mundo, arrastam a *concupiscência da carne, a concupiscência dos olhos e a soberba da vida* (1Jo 2,16); mas as aflições e as misérias que justamente se lhes seguem geram o ódio e o fastio do mundo.

5. Mas, infelizmente, os maus prazeres subjugam a alma apegada ao mundo que tem por delícias viver entre espinhos (Jó 30,7), porque não conheceu ou sequer experimentou a suavidade de Deus e o encanto interno da virtude.

Aqueles, porém, que, desprezando perfeitamente o mundo, se esforçam por viver para Deus em santa disciplina, não ignoram as doçuras divinas prometidas à verdadeira renúncia e veem com clareza quão perigosamente errado vai o mundo envolvido em tantos enganos.

CAPÍTULO XXI

DE QUE EM DEUS SE DEVE DESCANSAR ACIMA DE TODOS OS BENS

1. ALMA FIEL. Em tudo e acima de tudo, minha alma, descansa sempre no Senhor, que é o eterno descanso dos Santos.

Dulcíssimo e amantíssimo Jesus, fazei que eu descanse em Vós acima de todas as criaturas; acima de toda a saúde e formosura, de toda a glória e honra, de todo o poder e dignidade; acima de toda a ciência e sutileza, de todas as riquezas e artes, de todos os prazeres e alegrias; acima da fama e do louvor, das consolações e doçuras, das esperanças e promessas, dos merecimentos e desejos; acima de todos os dons e recompensas que podeis prodigalizar-nos, de todos os gozos e delícias que a alma pode imaginar e sentir: finalmente acima dos anjos e dos arcanjos e de toda a milícia celeste, acima de todas as coisas visíveis e invisíveis; acima de tudo que não sois Vós, meu Deus!

2. Porque Vós só, Senhor meu Deus, sois acima de todas as coisas infinitamente bom; só Vós, altíssimo e poderosíssimo; só Vós bastais, porque sois plenitude; só Vós, suavíssimo e fonte de toda a consolação.

Só Vós sois todo formosura e todo amor; vossa grandeza eleva-se acima de toda a grandeza e vossa glória acima de toda a glória; em Vós, reunidos em sua perfeição, estão todos os bens e sempre estiveram e estarão sempre.

Por isso, tudo o que me dais, fora de Vós, tudo o que de Vós revelais ou prometeis é pouco e não me basta, se Vos não vejo e possuo plenamente.

Não pode o meu coração encontrar verdadeiro descanso nem inteiramente se satisfazer enquanto, elevando-se acima de todos os vossos dons e de todas as criaturas, não descansar unicamente em Vós.

3. Oh! Jesus, terno esposo de minha alma, que tão puramente me amais, Senhor de todas as criaturas, quem me dera asas de verdadeira liberdade para voar e repousar em Vós!

Oh! Quando me será dado desprender-me de tudo para ver quão suave sois, Senhor Deus meu!

Quando me absorverei plenamente em Vós, tão possuído do vosso amor que já me não sinta a mim mesmo, mas só a Vós, acima de todos os sentidos, em um modo que nem todos conhecem!

Agora, porém, vivo a gemer e levo com dor o fardo de minha miséria.

Neste vale de lágrimas são muitos os males que me perturbam, afligem e enuviam; que muitas vezes me embaraçam e distraem, me atraem e enredam, impedindo-me o livre acesso junto a Vós e privando-me da doçura dos amplexos de que sempre gozam os espíritos bem-aventurados.

Deixai-Vos enternecer pelos meus suspiros e por tantas aflições que há na terra!

4. Oh! Jesus, esplendor da glória eterna, consolação da alma neste desterro, diante de Vós muda está a minha boca, e fala-Vos o meu silêncio.

Até quando tardará o meu Senhor?

Venha a mim, seu pobre servo, e alegre-me; estenda a sua mão e livre um miserável de todas as suas angústias!

Vinde, vinde; sem Vós não haverá um dia, não haverá uma hora feliz; sois a minha alegria; sem Vós, para mim tudo é vazio.

Sou um miserável e como um encarcerado carregado de grilhões, enquanto, reanimando-me com a luz da vossa presença, não me restituís à liberdade e não me mostrais o semblante amigo.

5. Busquem outros o que quiserem em lugar de Vós; a mim nada me agrada nem há de agradar jamais senão Vós, Deus meu, esperança minha e minha eterna salvação.

Não me calarei nem deixarei de implorar até que volte a vossa graça e me faleis interiormente.

6. JESUS CRISTO. Aqui me tens; venho a ti porque me invocaste. Tuas lágrimas e os desejos de tua alma, tua humildade e a contrição do teu coração inclinaram-me e fizeram-me baixar a ti.

7. ALMA FIEL. E disse: invoquei-Vos, Senhor, e desejei gozar de Vós, pronto a desprezar todas as coisas por amor de Vós.

E fostes Vós que primeiro me excitastes a buscar-Vos.

Sede, pois, bendito, Senhor, por haver usado de tanta bondade com o vosso servo, segundo a vossa infinita misericórdia.

E que mais Vos pode ele dizer na vossa presença? Que lhe resta senão humilhar-se profundamente diante de Vós, lembrado sempre da sua iniquidade e do seu nada?

Nada há que seja semelhante a Vós, entre as maravilhas do céu e da terra.

São perfeitas as vossas obras, verdadeiros os vossos juízos; e vossa Providência rege o universo.

Louvor, pois, e glória a Vós, Sabedoria do Pai. Sede louvado e bendito pela minha alma, pela minha boca e por todas as criaturas.

CAPÍTULO XXII

DA LEMBRANÇA DOS INUMERÁVEIS BENEFÍCIOS DE DEUS

1. ALMA FIEL. Abri, Senhor, o meu coração à vossa lei ensinai-me a trilhar o caminho dos vossos mandamentos.

Fazei-me conhecer a vossa vontade e, com grande respeito e diligente atenção, rememorar todos os vossos benefícios, gerais e particulares, para Vos dar as devidas graças.

Bem sei e confesso que, nem pelo amor de vossos dons, sou capaz de vos louvar e agradecer dignamente.

Sou inferior a todos os bens que me haveis dado, e quando considero a vossa majestade, desfalece-me a alma diante de tanta grandeza.

2. Tudo o que temos na alma e no corpo, todos os bens internos ou externos, naturais ou sobrenaturais que possuímos, são benefícios vossos, que proclamam a munificência, a misericórdia e a bondade daquele de quem recebemos todos os bens.

E ainda que uns recebam mais, outros menos, tudo vem vossas mãos, e sem Vós ninguém possuíra bem algum.

Aquele que recebeu mais não pode gloriar-se do seu merecimento, nem exaltar-se acima dos outros, nem insultar ao que recebeu menos, porque maior e melhor é aquele que se tem em menos conta e agradece com mais humildade e fervor.

Quem se julga mais vil e mais indigno de todos está mais disposto a receber maiores dons.

3. Aquele, porém, que recebeu menos não deve entristecer-se nem indignar-se nem ter inveja dos mais favorecidos, mas pôr os olhos em Vós e louvar de todo o coração a vossa bondade, sempre disposta a repartir os seus dons generosamente, gratuitamente e sem acepção de pessoas.

De Vós procedem todas as coisas e, por isso, em todas deveis ser louvado.

Sabeis o que convém dar a cada um; e, porque este recebeu menos, aquele mais, não nos compete a nós discernir, mas a Vós, diante de quem estão definidos os merecimentos de cada homem.

4. Por isso, Senhor meu Deus, considero também singular benefício o não me haverdes dado grande abundância de dons que aparecem exteriormente e atraem louvor e glória aos olhos dos homens. Assim, considerando a própria indigência e vileza, longe de conceber desgosto, tristeza ou desalento, deve cada um sentir consolação e grande alegria; porque Vós, Deus meu, escolhestes para vossos servos e amigos os pobres, os humildes e os desprezados do mundo.

Testemunhas disso são os vossos próprios apóstolos, *a quem constituistes príncipes sobre toda a terra* (Sl 44,17).

Viveram neste mundo sem queixas, alheios a toda malícia e engano, tão humildes e simples, que até se regozijavam de padecer afrontas por vosso nome; e com grande amor abraçavam tudo a que o mundo tem horror.

5. Nada, pois, deve causar tanta alegria a quem Vos ama e conhece a grandeza de vossos benefícios como o cumprimento de vossa vontade e de vossos eternos desígnios a respeito dele.

Com isto deve contentar-se e consolar-se tanto que de boa vontade consinta em ser o menor como outro desejaria ser o maior; e se conserve tão tranquilo e satisfeito no último como no primeiro lugar; e tão gostosa mente queira ver-se desprezível e abjeto, sem nome e sem reputação, como querem outros gozar as honras e grandezas do mundo.

Porque a vossa vontade e o amor de vossa glória devem para ele estar acima de todas as coisas e dar-lhe mais prazer e consolação que todos os benefícios que lhe fizestes ou lhe podeis ainda fazer.

CAPÍTULO XXIII

DE QUATRO DOCUMENTOS IMPORTANTES PARA CONSERVAR A PAZ

1. JESUS CRISTO. Filho, ensinar-te-ei agora o caminho da paz e da verdadeira liberdade.

2. ALMA FIEL. Fazei, Senhor, o que dizeis; muito grato me é ouvir-Vos.

3. JESUS CRISTO. Procura, filho, fazer antes a vontade de outrem que a tua.

Escolhe sempre ter antes menos do que mais.

Busca sempre o último lugar, abaixo de todos.

Deseja sempre e pede que em ti se cumpra inteiramente a vontade de Deus.

Quem assim procede está no caminho da paz e do repouso.

4. ALMA FIEL. Senhor, esta breve exortação vossa encerra grande perfeição.

Concisa nas palavras, mas cheia de sentido e fecunda em frutos.

Se eu a observasse fielmente, não me perturbaria com tanta facilidade.

Com efeito, todas as vezes que me sinto inquieto e oprimido reconheço que me apartei dessa doutrina.

Mas Vós, que podeis tudo e desejais sempre o proveito das almas, aumentai em mim a graça para que, pondo em prática as vossas palavras, possa alcançar a minha salvação.

ORAÇÃO

CONTRA OS MAUS PENSAMENTOS

5. Senhor meu Deus, não Vos aparteis de mim, vinde em meu socorro (Sl 70,12), porque me assaltaram vários pensamentos e grandes temores afligem a minha alma.

Como passarei ileso por tantos perigos? Como poderei vencê-los?

6. *Eu irei à tua frente*, diz o Senhor, e *humilharei os poderosos da terra* (Is 45,2). Abrirei as portas do cárcere e revelar-te-ei os mais recônditos mistérios.

7. Fazei, Senhor, como dizeis; e, à vossa presença, fujam todos os maus pensamentos.

Toda a minha esperança e a minha consolação única é recorrer a Vós em todas as tribulações, confiar em Vós, invocar-Vos do íntimo da alma e esperar com paciência o vosso auxílio.

ORAÇÃO

PARA PEDIR A LUZ DO ENTENDIMENTO

8. Esclarecei-me interiormente, ó bom Jesus, e dissipai todas as trevas da morada do meu coração.

Refreai as minhas muitas distrações e quebrai a violência das tentações que me combatem.

Pelejai fortemente por mim e afugentai estas feras malignas, quero dizer, estas concupiscências aliciadoras, a fim de que *haja paz pela vossa força* (Sl 21,7) e ressoem sem cessar os vossos louvores no templo santo que é a consciência pura.

Imperai aos ventos e às tempestades; dizei ao mar: "acalma-te"; e ao aquilão: "não sopres", e far-se-á grande bonança.

9. *Enviai a vossa luz e a vossa fidelidade* (Sl 42,3) para que brilhem na terra; porque sou uma terra estéril e baldia enquanto me não iluminais.

Infundi, do alto, Senhor, a vossa graça; embebei o meu coração com o orvalho celeste; regai a terra árida com as águas da devoção para que produza frutos bons e sazonados.

Reerguei a minha alma abatida pelo peso dos pecados, e elevai para o céu todos os meus desejos, a fim de que, prelibada a doçura dos bens eternos, não pense sem desgosto nas coisas da terra.

10. Arrebatai-me, desprendei-me das consolações fugitivas das criaturas, porque nenhuma coisa criada é capaz de aquietar e satisfazer plenamente os meus desejos.

Uni-me a Vós pelos vínculos indissolúveis do amor; porque Vós bastais a quem vos ama, e, sem Vós, tudo é frivolidade.

CAPÍTULO XXIV

QUE SE DEVE EVITAR A CURIOSIDADE DE SABER DA VIDA ALHEIA

1. JESUS CRISTO. Filho, não sejas curioso com cuidados inúteis.

Que tens que ver com isto ou aquilo? *Segue-me* (Jo 21,22). Que te importa se este é assim ou assim e se o outro vive ou fala deste ou daquele modo?

Não tens que responder pelos outros, mas só de ti hás de dar contas: para que, pois, te inquietas?

Eu conheço todos os homens; vejo quanto se passa debaixo do sol; sei o estado de cada um, em que pensa, o que quer, a que fim se dirige a sua intenção.

A Mim, pois, se deve encomendar tudo; quanto a ti, conserva-te em santa paz e deixa ao irrequieto agitar-se quanto quiser.

Sobre ele recairá tudo o que fizer ou disser, porque a Mim ninguém pode enganar.

2. Não corras atrás desta sombra que se chama um grande nome; não desejes muitas amizades nem o afeto particular de pessoa alguma.

Tudo isto dissipa o espírito e enche o coração de trevas.

De bom grado far-te-ia ouvir a minha palavra, e revelar-te-ia os meus segredos se esperasses atentamente a minha vinda e me abrisses a porta de teu coração.

Sê previdente, vigia na oração e humilha-te em todas as coisas.

CAPÍTULO XXV

EM QUE CONSISTE A VERDADEIRA PAZ DO CORAÇÃO E O VERDADEIRO PROGRESSO DA ALMA

1. JESUS CRISTO. Filho, eu disse: *deixo-vos a paz, dou-vos a minha paz, não vo-la dou como o mundo dá* (Jo 14,27).

Paz desejam todos, mas nem todos procuram o que importa à verdadeira paz.

A minha paz é para os humildes e mansos de coração. Na muita paciência encontrarás a tua paz.

Se me ouvires e seguires a minha voz, gozarás de muita paz.

2. ALMA FIEL. Que deverei então fazer, Senhor?

3. JESUS CRISTO. Em todas as coisas examina bem o que fazes e o que dizes e não tenhas outra intenção senão agradar a Mim só sem desejar nem buscar coisa alguma fora de Mim.

Das palavras e ações alheias não julgues temerariamente, nem te intrometas no que te não foi confiado: é o meio de seres pouco ou raras vezes turbado.

Nunca sentir, porém, alguma perturbação nem padecer alguma dor no corpo ou na alma não é da vida presente, mas do estado da eterna bem-aventurança.

Não julgues, pois, haver encontrado a verdadeira paz porque não te acontece nenhuma contrariedade, nem que tudo te vai bem porque não tens nenhum adversário, tampouco que consiste a perfeição em correr tudo à medida dos teus desejos.

Guarda-te, igualmente, de te ter em grande conta ou de pensar que és amado especialmente por Deus porque sentes grande devoção e suavidade; não é por aí que se conhece quem ama verdadeiramente a virtude, nem nisso consiste o aproveitamento e a perfeição do homem.

4. ALMA FIEL. Em que consiste, então, Senhor?

5. JESUS CRISTO. Em te ofereceres de todo o coração à vontade divina, não te buscando a ti mesmo em coisa alguma, grande ou pequena,

no tempo ou na eternidade; de modo que permaneças, em ação de graças, com o mesmo semblante, na prosperidade e na adversidade, pesando tudo com igual balança.

Se fores tão forte e constante na esperança que, privado de toda consolação interior, disponhas ainda o teu coração a maiores provações, sem te justificar, como se não merecesses padecer tanto.

Se, pelo contrário, reconheceres a minha justiça e louvares a minha santidade em todas as minhas disposições, então andas no reto e verdadeiro caminho da paz e podes alimentar a esperança inabalável de contemplar novamente a minha face na alegria.

E se chegares ao perfeito desprezo de ti mesmo, sabe que então gozarás de tanta paz quanta é possível neste desterro.

Capítulo XXVI

Da soberana liberdade do coração que mais se alcança com a oração humilde do que com o estudo

1. ALMA FIEL. Senhor, só o varão perfeito nunca desvia a sua intenção das coisas do céu, e passa pelos muitos cuidados da vida como se não tivesse cuidado algum, não por indolência, mas pelo privilégio da alma livre que a nenhuma criatura se apega com afeição desordenada.

2. Suplico-Vos, Deus meu, pela vossa misericórdia, preservai-me dos cuidados da vida para que neles me não embarace demasiadamente; das muitas necessidades do corpo para que me não escravize ao prazer; de todos os obstáculos da alma para que, quebrantado pelos dissabores, não me deixe abater.

Já não falo das coisas que, com tanto ardor, cobiça a vaidade dos homens, mas dessas misérias que, em consequência da maldição comum a todos os mortais, penosamente oprimem a alma de vosso servo e o impedem de atingir, como deseja, a liberdade de espírito.

3. Oh! Meu Deus, doçura inefável, convertei-me em amargura toda a consolação da carne, que me aparta do amor dos bens eternos e me fascina com o encanto funesto de um prazer temporal.

Não permitais, meu Deus, não permitais que me vença a carne e o sangue, ou me engane o mundo com sua glória passageira ou me prostre o demônio com sua astúcia.

Dai-me força para resistir, paciência para sofrer, constância para perseverar.

Dai-me, em lugar de todas as consolações do mundo, a suavíssima unção do vosso Espírito; e, em lugar do amor terreno, infundi-me o amor do vosso nome.

4. A uma alma fervorosa muito pesa o comer, beber, vestir e tudo mais que pertence ao sustento do corpo.

Concedei-me a graça de usar destes lenitivos com moderação e não os desejar com demasiado ardor.

Rejeitar tudo isso não é permitido, porque deve sustentar-se a natureza; buscar, porém, o supérfluo e o que mais agrada proíbe-o vossa santa lei, para que a carne não se revolte contra o espírito.

Entre tantas dificuldades, Senhor, dirija-me e governe-me vossa mão para que não caia em algum excesso.

CAPÍTULO XXVII

O AMOR-PRÓPRIO É O MAIOR EMPECILHO PARA CHEGAR AO SUMO BEM

1. JESUS CRISTO. Filho, para possuir tudo deves dar tudo, sem reserva alguma.

Sabe que coisa alguma, no mundo, te prejudica tanto quanto o teu amor-próprio.

Conforme o amor e o afeto que te anima, apegar-te-ás mais ou menos às coisas.

Se for puro, simples e bem ordenado o teu amor, não serás escravo de coisa alguma.

Não cobices o que te não é lícito possuir; não queiras o que te pode causar embaraço e privar da liberdade interior.

É estranho que te não confies todo a Mim de inteiro coração com tudo o que podes desejar ou possuir.

2. Por que te consomes com vãs tristezas? Com cuidados supérfluos?

Conserva-te submisso à minha vontade e não padecerás dano algum.

Se buscas isto ou aquilo, se queres estar aqui ou ali para viveres mais comodamente ou mais à vontade, nunca ficarás tranquilo nem livre de cuidados, porque em todas as coisas sentirás alguma falta e em toda parte encontrarás quem te contrarie.

3. De nada, pois, serve possuir ou acumular bens exteriores; o que mais aproveita é desprezá-los e extirpá-los do coração.

E isto deve entender-se não só do dinheiro e das riquezas, senão também da ambição das honras e do desejo dos vãos louvores: tudo isso passa juntamente com o mundo.

Nenhum lugar é abrigo seguro se falta o espírito de fervor; nem durará muito esta paz que se procura exteriormente, se ao coração falta o seu verdadeiro apoio, isto é, se não te firmas em Mim.

Bem podes mudar-te e não melhorar: porque em se oferecendo a ocasião, se não a evitares, encontrarás o que querias evitar e pior ainda.

ORAÇÃO

PARA PEDIR A PUREZA DO CORAÇÃO E A SABEDORIA CELESTE

4. ALMA FIEL. Fortificai-me, Senhor, com a graça do Espírito Santo. Robustecei em mim o homem interior, libertai o meu coração dos vãos cuidados que o atormentam, não permitais que se deixe arrastar pelo desejo de coisa alguma, vil ou preciosa; fazei antes que as considere a todas como passageiras e a mim como devendo passar com elas.

Nada há de proveitoso debaixo do sol (Ecl 2,11). Oh! Como é sábio quem assim pensa!

5. Dai-me, Senhor, a sabedoria celeste para que aprenda a: buscar-Vos e achar-Vos, a gostar-Vos e amar-Vos acima de tudo e a ver as demais coisas como são, segundo a ordem da vossa sabedoria.

Dai-me prudência para evitar os que me lisonjeiam e paciência para sofrer os que me contrariam.

A grande sabedoria consiste em não se deixar mover por todo sopro de palavras nem prestar ouvidos às pérfidas blandícias das sereias.

Assim se prossegue com segurança o caminho começado.

CAPÍTULO XXVIII
CONTRA A LÍNGUA DOS MALDIZENTES

1. JESUS CRISTO. Filho, não te inquietes quando alguém pensar mal de ti ou disser o que não gostas de ouvir.

Pior ainda te deves julgar e crer que ninguém é inferior a ti.

Se levas vida interior, não darás atenção a palavras que o vento leva.

Não é pouca prudência guardar silêncio na hora da provação, voltar-se interiormente para Mim sem se perturbar com os juízos dos homens.

2. Não dependa a tua paz da boca dos homens; bem ou mal que te julguem, não és por isso outro homem.

Onde está a verdadeira paz e a verdadeira glória? Porventura não está em Mim?

De grande paz gozará quem não deseja agradar aos homens nem teme desagradar-lhes.

Do amor desordenado e dos temores vãos nasce toda a inquietude do coração e a dissipação dos sentidos.

CAPÍTULO XXIX

COMO SE DEVE INVOCAR E BENDIZER A DEUS NA HORA DA TRIBULAÇÃO

1. ALMA FIEL. Seja para sempre bendito o vosso nome, Senhor, porque quisestes que sobre mim viesse esta prova e tribulação.

Não posso evitá-la; mas é necessário recorrer a Vós para que me ajudeis e me convertais em meu proveito.

Senhor, sinto-me atribulado; não está bem o meu coração; muito me atormenta o sofrimento em que me vexais.

E que direi agora, Pai amantíssimo? Mergulhado estou em angústias; *livrai-me desta hora* (Jo 7,27).

Mas chegou esta hora para que sejais glorificado, livrando-me depois de me haverdes humilhado profundamente.

Dignai-Vos socorrer-me, Senhor; pobre criatura, que farei e aonde irei sem Vós?

Dai-me paciência, Senhor, ainda por esta Vez.

Ajudai-me, Deus meu, e não temerei por mais pesada que seja a provação.

2. E, neste estado, que direi? Senhor, *seja feita a vossa vontade* (Mt 6,10). Bem mereci o peso desta tribulação. É necessário que eu sofra, e, praza a Deus, com resignação, até que passe a tempestade e volte a bonança.

Bem poderosa, entretanto, é a vossa mão onipotente para afastar de mim esta tentação e mitigar-lhe a violência para que não sucumba de todo, como tantas vezes já fizestes comigo, Ó meu Deus, vós sois todo bondade para mim (Sl 58,18).

E quanto a mim mais difícil, tanto mais fácil é *esta mudança* à destra do Altíssimo (Sl 76,11).

Capítulo XXX

Da necessidade de pedir o auxílio divino e da confiança na volta da graça

1. JESUS CRISTO. Filho, eu sou o *Senhor que conforta no dia da tribulação* (Na 1,7). Vem a Mim quando te não sentires bem.

O que mais impede a consolação celeste é recorreres tarde à oração.

Antes de me suplicares com todo o coração buscas primeiro muitas consolações e alívios externos.

Daqui vem que de tudo tiras pouco proveito até que reconheças que só eu salvo os que em Mim esperam e que fora de Mim não há auxílio eficaz, nem conselho proveitoso, nem remédio durável.

Uma vez, porém, que já recobraste alento depois da tormenta, reanima-te à luz de minhas misericórdias; porque estou ao teu lado, diz o Senhor, não só para restituir-te tudo o que perdeste, mas ainda muito mais.

2. Há porventura coisa difícil para Mim? Ou sou eu acaso semelhante ao que promete e não cumpre?

Onde está a tua fé? Conserva-te firme e constante, sê generoso e forte; a seu tempo virá a consolação.

Espera-me, espera que *eu virei e te curarei* (Mt 7,7). O que te acabrunha é uma tentação; e vão temor o que te amedronta.

De que serve a preocupação de futuros incertos senão para *acumular tristezas sobre tristezas* (2Cor 2,3). *A cada dia basta o seu cuidado* (Mt 6,34).

É vão e inútil inquietar-se ou alegrar-se com coisas futuras que talvez nunca se realizem.

3. É humano, porém, deixar-se iludir por semelhantes imaginações e indício de alma ainda fraca ceder tão facilmente às sugestões do inimigo.

Ao demônio pouco se lhe dá se nos ilude e engana com objetos reais ou imagens falsas e se nos domina com o amor das coisas presentes ou o temor das futuras.

Não se perturbe o vosso coração, nem se atemorize (Jo 14,27).

Crê em Mim e põe tua confiança na minha misericórdia.

Quando cuidas que estás longe de Mim, é muitas vezes quando estou mais perto de ti!

Quando pensas que tudo está quase perdido, estás então frequentemente em ocasião de maior merecimento.

Nem tudo está perdido, quando te acontece o contrário do que desejas.

Não julgues pela impressão do momento, nem te entregues à aflição, venha donde vier, como se não houvesse esperança de remédio.

4. Não te imagines desamparado de todo, ainda que eu te envie alguma tribulação passageira ou te prive da consolação porque suspiras; é este o caminho que leva ao reino dos céus.

E é, sem dúvida, melhor para ti e para todos os meus servos ser exercitado pelas adversidades do que tudo ter à medida dos vossos desejos.

Conheço os pensamentos mais ocultos; para tua salvação muito convém que, de quando em quando, te deixe sem consolação espiritual, a fim de que te não desvaneças com o bom êxito e não te comprazas em ti mesmo, julgando ser o que não és.

O que dei posso tirar e dar de novo quando me aprouver.

5. Quando dou, dou o que é meu; quando tiro, não levo o que é teu; porque *toda dádiva e todo dom perfeito vêm de cima* (Tg 1,17).

Quando te envio alguma aflição ou qualquer contrariedade, não murmures nem desfaleça o teu coração: posso aliviar-te em um instante e mudar em alegria todo o peso que te oprime.

Reconhece, porém, que sou justo e mui digno de ser louvado quando assim procedo contigo.

6 . Se julgas com sabedoria e verdade, nunca te deve afligir e abater na adversidade, mas alegrar-te e agradecer-me.

E até deves ter por única alegria que te aflija com dores e não te poupe.

Como o Pai me amou, assim também eu vos amo (Jo 15,9), disse Eu aos meus amados discípulos, e entretanto não os enviei a gozos mundanos, mas a grandes pelejas; não às honras mas às ignomínias; não à ociosidade, mas ao trabalho; não a descansar, mas a produzir abundantes frutos na paciência.

Lembra-te bem, filho meu, destas palavras.

CAPÍTULO XXXI

QUE SE DEVE ESQUECER TODA CRIATURA PARA ACHAR O CRIADOR

1. ALMA FIEL. Senhor, necessito de uma graça ainda maior para chegar ao ponto em que nenhuma criatura me possa estorvar.

Enquanto alguma coisa me prender, não posso livremente voar para Vós.

Livremente voar desejava aquele que dizia: *tivesse eu asas como a pomba, voaria para um lugar de repouso* (Sl 54,7).

Que pode haver mais calmo do que o coração simples e mais livre do que aquele que nada deseja na terra?

Importa elevar-se acima de todas as criaturas, desprender-se inteiramente de si mesmo, manter-se enlevado em espírito e reconhecer que Vós sois o Criador de todas as coisas e nada tendes de semelhante com o que criastes.

E enquanto uma alma não se desprender de tudo o que é criado, não poderá atender livremente às coisas de Deus.

E se se encontram tão poucos contemplativos, é porque raros são os que sabem desapegar-se inteiramente das criaturas e dos bens caducos.

2. Para isso requer-se uma graça poderosa que levante a alma e a transporte acima de si mesmo.

E enquanto o homem não for assim levantado em espírito, desprendido de toda a criatura e perfeitamente unido a Deus, de bem pouco valor é tudo quanto sabe e tudo quanto tem.

Por muito tempo permanecerá mesquinho e preso à terra quem tiver em grande conta qualquer coisa fora do único, imenso e eterno Bem.

Tudo o que não é Deus é nada e por nada deve ser tido.

Há grande diferença entre a sabedoria de um homem iluminado pela piedade e a ciência de um letrado adquirida pelo estudo.

Muito mais nobre é a doutrina que vem do alto, infundida por Deus, do que a que se adquire laboriosamente pelo esforço humano.

3. Muitos há que aspiram à contemplação, mas não se exercitam no que é necessário para lá chegar.

O grande obstáculo é deter-se a alma nas coisas externas e sensíveis e cuidar pouco da mortificação perfeita.

Não sei por que razão, nem por que espírito nos deixamos levar, nem o que pretendemos, nós, que somos tidos em conta de homens espirituais, quando nos aplicamos com tanto trabalho e com tanta solicitude às coisas mesquinhas e passageiras e tão de raro nos recolhemos plenamente em nós mesmos para cuidar da nossa vida interior.

4. Ai que tristeza! Apenas nos recolhemos algum tempo e logo nos apressamos em sair para as distrações exteriores sem submeter as nossas obras a um exame rigoroso.

Não atentamos até onde descem os nossos afetos nem deploramos que em nós tudo seja impuro.

Toda criatura seguia na terra o caminho da corrupção (Gn 6,12) e, por isso, se seguiu o dilúvio universal.

Desde que se corrompe o nosso afeto interior, corrompe-se necessariamente a ação que dele procede e dá mostras de falta de vigor espiritual.

A pureza de coração produz os frutos de uma vida santa.

5. Pergunta-se o que faz cada um, mas não se indaga, com o mesmo interesse, se o faz por virtude.

Investiga-se com cuidado se é valente, rico, formoso e hábil; se escreve, canta ou trabalha bem; mas quanto é pobre de espírito, paciente e manso, quanto é piedoso e recolhido, eis o que silenciam muitos.

A natureza atende ao exterior do homem, a graça, porém, penetra-lhe no interior.

Engana-se muitas vezes a primeira; a segunda espera em Deus para não se enganar.

CAPÍTULO XXXII

DA ABNEGAÇÃO DE SI E DA RENÚNCIA A TODA AMBIÇÃO

1. JESUS CRISTO. Filho, não podes gozar de liberdade perfeita se não renunciares completamente a ti mesmo.

Vivem em escravidão os que se apegam às riquezas e amam a si mesmos; andam curiosos, ávidos, inconstantes; buscam o que lisonjeia os sentidos, não o que é de Jesus Cristo; imaginando e forjando planos inconscientes que se dissipam; porque perecerá tudo o que não vem de Deus.

Imprime em tua alma esta palavra breve, mas que encerra toda a perfeição: deixa tudo e acharás tudo; renuncia aos teu apetites e encontrarás paz.

Pondera isto: e quando o houveres posto em prática, compreenderás tudo.

2. Ama Fiel Senhor, não é isto trabalho de um dia nem brinquedo de criança; nestas breves palavras resume-se toda a perfeição religiosa.

3. JESUS CRISTO. Filho, não deves retroceder ou desanimar à vista do caminho dos perfeitos, senão excitar-te para atingir esse estado ou pelo menos suspirar por ele com todos os teus desejos.

Quem dera assim fosse! Quem dera já tivesses chegado ao ponto de não te amar a ti mesmo, mas de viver inteiramente submisso à minha vontade e à de quem te dei por superior. Muito me agradarias então e a tua vida correria toda alegre e sossegada.

Muito ainda tens que deixar, e se a tudo não renunciares inteiramente, não alcançarás o que pedes.

Aconselho-te que compres de mim ouro provado ao fogo, para ficares rico (Ap 3,18), isto é, a sabedoria celeste que calca aos pés tudo o que é da terra. Põe de parte a sabedoria do mundo e tudo o que agrada aos homens e a ti mesmo.

4. Já te disse que deves trocar o que, aos olhos dos homens, é grande e precioso por uma coisa vil; com efeito, por vil e pequena e quase de todo esquecida é tida a sabedoria do céu, a única verdadeira, que não presume de si grandes coisas nem procura ser exaltada na terra.

Muitos a enaltecem com os lábios, mas a contradizem na vida; contudo ela é a pérola preciosa, para muitos escondida.

CAPÍTULO XXXIII

DA INSTABILIDADE DO CORAÇÃO E DA NECESSIDADE DE DIRIGIR A INTENÇÃO PARA DEUS, NOSSO ÚLTIMO FIM

1. JESUS CRISTO. Filho, não te fies na tua disposição presente; agora é uma, daqui a pouco se mudará em outra.

Enquanto viveres, estarás sujeito à mudança, ainda contra a tua vontade; ora te acharás alegre, ora triste; já tranquilo, já inquieto; hoje fervoroso, amanhã tíbio; agora diligente, daqui a pouco desleixado; algumas vezes sisudo, outras leviano.

Acima destas vicissitudes paira o homem sábio e instruído nos caminhos do espírito. Não atende ao que em si experimenta nem de que lado sopra o vento da inconstância; toda a sua atenção é dirigida ao ditoso fim que deve alcançar.

Assim, por entre os acontecimentos mais variados, fixando constantemente em Mim a sua intenção, se conservará inabalável e sempre igual a si mesmo.

2. Quanto mais puro for o olhar da alma, tanto maior será a sua firmeza entre as procelas.

Mas a muitos tolda-se este olhar da pura intenção, porque facilmente se volta para algum objeto que agrada os sentidos.

Porque mui raro é encontrar-se quem esteja de todo desprendido de si mesmo.

Assim, em outros tempos, foram os judeus à casa de Marta e Maria, em Betânia, *não somente por causa de Jesus, mas ainda para ver a Lázaro* (Jo 12,9).

É preciso, portanto, purificar a intenção para que, simples e reta, se dirija sempre para Mim sem se deter no que está de permeio.

CAPÍTULO XXXIV

COMO É DELICIOSO AMAR A DEUS EM TUDO E ACIMA DE TUDO

1. ALMA FIEL. Meu Deus e meu tudo! Que mais quero? Que felicidade maior posso desejar?

Oh! Palavra suave e deliciosa! Mas apenas para os que amam a Jesus, não ao mundo ou ao que é do mundo.

Meu Deus e meu tudo! Para quem entende, é bastante; e para quem ama, repeti-la muitas vezes é uma delícia.

Quando estais presente, tudo agrada; quando ausente, tudo enfastia.

Vós dais ao coração tranquilidade, doce paz e alegria de festa.

Fazeis que, satisfeito de todas as coisas, em todas Vos louve.

Sem Vós, coisa alguma pode agradar por muito tempo; só a vossa graça e unção da vossa sabedoria dão encanto e sabor às coisas.

2. Que coisa não saberá bem àquele que Vos saboreia a vós? E que coisa poderá agradar àquele que em Vós não acha prazer? Desvanecem-se na sua sabedoria os sábios do mundo e os que não apreciam senão os prazeres da carne; lá, só se encontra um imenso vazio, e, aqui, a morte.

Mas os que, para seguir-Vos, desprezam o mundo e mortificam a carne mostram-se verdadeiros sábios, porque se elevam da vaidade à verdade e da carne ao espírito.

Estes são os que têm sabor das coisas de Deus e referem à glória do Criador tudo o que de bom encontram nas criaturas.

Diferente, porém, e muito diferente é o sabor do Criador e o da criatura, da eternidade e do tempo, da luz incriada e da luz refletida.

3. Oh! Luz eterna, que te elevas infinitamente acima de toda a luz criada, enviai das alturas um raio que penetre até ao íntimo de meu coração.

Purificai, dilatai, esclarecei e vivificai a minha alma com as suas potências para que se una a Vós em transportes de alegria.

Oh! Quando virá esta bendita e suspirada hora em que me haveis de saciar com a vossa presença e ser para mim tudo em todas as coisas?

Enquanto isso me não for dado, não terei alegria perfeita. Ah! Infelizmente ainda vive em mim o homem velho, não ainda de todo crucificado nem inteiramente morto.

Ainda com sua forte concupiscência se revolta contra o espírito; excita em mim guerras intestinas e não sofre que em minha alma reine a paz.

4. Mas Vós, Senhor, que *dominais o orgulho do amar, amainais suas ondas revoltas* (Sl 88,10), *levantai-vos em nosso socorro e livrai-nos* (Sl 43,27).

Dispersai as nações que se comprazem na guerra (Sl 67,31), esmagai-as com a vossa força.

Manifestai, eu vo-lo peço, as vossas maravilhas e glorificai a vossa destra, porque não tenho outra esperança nem outro refúgio senão Vós, Senhor e Deus meu!

CAPÍTULO XXXV

DE QUE NESTA VIDA NINGUÉM ESTÁ LIVRE DE TENTAÇÃO

1. JESUS CRISTO. Filho, nesta vida nunca estás seguro; enquanto viveres te serão sempre necessárias as armas espirituais.

Andas cercado de inimigos que te acometem à direita e à esquerda.

Se não te cobrires de todos os lados com o escudo da paciência, não poderás por muito tempo ficar incólume.

Se, além disso, o teu coração não se fixar em Mim com a firme resolução de tudo sofrer por meu amor, não poderá sustentar a violência desta refrega nem alcançar a palma dos bem-aventurados.

É preciso, portanto, atravessar varonilmente todos os obstáculos e com braço forte lutar contra tudo o que se opõe ao teu caminho.

Ao vencedor darei o maná (Ap 2,17) e ao covarde muita miséria o aguarda.

2. Se buscas descanso nesta vida, como chegarás um dia ao eterno descanso?

Não te prepares para grande repouso, senão para muita paciência. Procura a verdadeira paz não na terra, mas no céu, não nos homens ou nas demais criaturas, senão unicamente em Deus.

Pelo amor de Deus deves sofrer tudo com alegria: trabalhos, dores, tentações, vexames, angústias, necessidades, doenças, injúrias, maledicências, repressões, humilhações, confusões, castigos e vilipêndios.

Tudo isto robustece a virtude, põe à prova o novo soldado de Cristo e entretece-lhe a coroa celeste.

Por breve trabalho darei recompensa eterna; e glória infinita pela humilhação que passa.

3. Cuidas que hás de ter sempre consolações espirituais à medida da tua vontade?

Nem sempre as tiveram os meus Santos; sofreram, pelo contrário, muitas aflições, tentações diversas e grandes desolações.

E, confiando mais em Deus que em si, tudo suportaram com paciência, certos de que *os sofrimentos da presente vida não têm proporção alguma com a glória futura* (Rm 8,18) que deve ser merecida. Queres ter desde o primeiro instante o que tantos outros apenas conseguiram depois de muitas lágrimas e de grandes trabalhos?

Espera no Senhor e sê forte! (Sl 26,14). Não percas a confiança nem fraqueies, mas expõe com firmeza o corpo e a alma pela glória de Deus.

Eu te recompensarei plenamente, contigo estarei em todas as tribulações.

CAPÍTULO XXXVI

CONTRA OS VÃOS JUÍZOS DOS HOMENS

1. JESUS CRISTO. Filho, em Deus apoia com firmeza o teu coração, e, quando a consciência te dá testemunho da tua piedade e inocência, não temas os juízos dos homens.

Sofrer assim é um bem e uma felicidade; e ao coração humilde que confia mais em Deus que em si não deve custar muito.

A maior parte dos homens fala em demasia e por isso não se lhes deve dar muito crédito; além disso, é impossível contentar a todos.

S. Paulo, ainda que se empenhasse em agradar a todos no Senhor, fazendo-se tudo para todos, nem por isso deixava de ser indiferente ao juízo dos homens.

2. Fez tudo quanto estava em suas mãos pela edificação e salvação dos outros, mas não pôde impedir que algumas vezes o julgassem e desprezassem.

Por isso entregou tudo a Deus, que conhece todas as coisas, e com a paciência e a humildade defendeu-se contra as más línguas e contra as suspeitas falsas e contra as mentiras dos que espalhavam a seu respeito quanto lhes sugeria a paixão.

Respondeu, porém, algumas vezes às acusações para que o silêncio não escandalizasse os fracos.

3. *Como podes temer um mortal* (Is 51,12) que hoje vive e amanhã já desapareceu?

Teme a Deus e não temerás as ameaças dos homens. Que mal te pode fazer alguém com suas palavras ou injúrias? Maior dano fará a si que a ti, e, seja quem for, não poderá escapar ao juízo de Deus.

Quanto a ti, tem sempre a Deus presente e deixa-te de contendas e queixas.

E se parece que agora sucumbes e passas por uma confusão que não mereceste, não te irrites, por isso, e não diminuas a tua coroa com a impaciência.

Ergue antes os olhos ao céu, para Mim, que te posso livrar de toda a confusão e injúria e dar a cada um segundo as suas obras.

CAPÍTULO XXXVII

DA PURA E INTEIRA RENÚNCIA DE SI MESMO PARA OBTER A LIBERDADE DO CORAÇÃO

1. JESUS CRISTO. Filho, deixa-te a ti e achar-me-ás a Mim. Nada possuas, nem mesmo a tua vontade, e aproveitarás sempre. Quando te renunciares a ti sem reserva, receberás graça mais abundante.

2. ALMA FIEL. Em que, Senhor, hei de renunciar-me e quantas vezes?

3. JESUS CRISTO. Sempre e a toda hora; nas coisas pequenas como nas grandes; nada excetuo, quero achar-te despido de tudo. Do contrário, como poderás ser meu e como poderei ser teu, se interior e exteriormente não te despojares de toda a vontade própria?

Quanto mais prontamente fizeres esta renúncia, tanto melhor te sentirás, e quanto mais perfeita e sinceramente a fizeres, mais me agradarás e maior será o teu proveito.

4. Alguns há que se entregam a Mim, mas com alguma reserva; porque não confiam inteiramente em Deus, cuidam de prover a si.

Outros, a princípio, oferecem tudo, mas, sobrevindo a tentação, retomam o que haviam dado e por isso não progridem na virtude.

Uns e outros não alcançarão a verdadeira liberdade do coração puro nem a graça de minha doce familiaridade, senão depois de uma entrega total e da imolação contínua de si mesmos; sem o que não há nem pode haver união fruitiva comigo.

5. Já te disse muitas vezes e agora repito: renuncia-te, entrega-te e gozarás de grande paz interior.

Dá tudo para ganhares tudo; nada busques, nada reclames: firma-te, resolutamente, só em Mim e ter-me-ás. Teu coração será livre e sem trevas que o obscureçam.

Teus esforços, orações e desejos tendam a despojar-te de toda a propriedade, para seguir só a Jesus, morrer a ti, a fim de viver para Mim eternamente.

Então serás livre das imaginações vãs, das inquietações penosas e dos cuidados supérfluos; então te libertarás também do temor excessivo e do amor desordenado.

CAPÍTULO XXXVIII

COMO NOS HAVEMOS DE GOVERNAR NAS COISAS EXTERNAS E RECORRER A DEUS NOS PERIGOS

1. JESUS CRISTO. Filho, em todo lugar, em qualquer ação ou ocupação externa, deves tender com diligência a conservar-te recolhido e livre e senhor de ti, de modo que todas as coisas sejam sujeitas a ti e não tu sujeito a elas. Assim serás dono e senhor e não servo ou escravo de tuas ações.

Como livre e verdadeiro israelita, entra na herança e na liberdade dos filhos de Deus, destes que se elevam acima das realidades presentes e contemplam as eternas; que olham de relance para o que passa e fixam o olhar nas coisas do céu; que não se deixam arrastar pelo apego aos bens temporais, mas os forçam a servir ao seu bem, conforme a ordem determinada por Deus e estabelecida pelo Supremo Artífice, que nada fez sem ordem nas suas criaturas.

2. Se, em todos os acontecimentos, não te detiveres no que, aparece exteriormente e não considerares com os olhos da carne o que vês ou o que ouves, mas, logo, em qualquer ocorrência à imitação de Moisés, entrares no tabernáculo para consultar o Senhor, ouvirás muitas vezes a resposta divina e voltarás instruído sobre muitas coisas presentes e futuras.

Com efeito, era sempre ao Tabernáculo que recorria Moisés para resolver suas dúvidas e dificuldades; e na oração buscava auxílio contra as maldades e as ciladas dos homens.

Assim deves também recolher-te ao segredo do teu coração para com mais fervor implorar o auxílio divino.

Lemos de Josué dos filhos de Israel que foram enganados pelos Gabaonitas, porque não tinham antes consultado o Senhor (Js 9,14); mas, demasiado crédulos às suas lisonjeiras palavras, se deixaram embair por uma falsa compaixão.

CAPÍTULO XXXIX

QUE O HOMEM NÃO DEVE SER INSOFRIDO NOS NEGÓCIOS

1. JESUS CRISTO. Filho, confia-me sempre os teus negócios; disporei tudo bem, a seu tempo.

Aguarda a minha determinação e nisto terás proveito.

2. ALMA FIEL. Senhor, de boa vontade confio-Vos todas as minhas coisas, porque de pouco podem servir as minhas providências.

Oh! Quem me dera não me preocupar demasiadamente com o futuro e entregar-me, desde já, à vossa soberana vontade.

3. JESUS CRISTO. Filho, muitas vezes o homem busca com ardor uma coisa que deseja; mas, apenas a consegue, entra logo a sentir de outro modo, porque as nossas afeições não duram, mas nos levam continuamente de um objeto para outro. Não é, pois, pequena coisa renunciar-se o homem ainda nas coisas pequenas.

4. O verdadeiro progresso do homem está na abnegação de si mesmo; o homem que se nega a si caminha com grande liberdade e segurança.

Mas o antigo adversário de todo o bem não deixa de tentar; dia e noite arma as suas perigosas ciladas na esperança de colher no engano de seus laços algum incauto.

Vigiai e orai para que não entreis em tentação (Mt 26,41).

CAPÍTULO XL

DE QUE O HOMEM POR SI NADA TEM DE BOM E DE COISA ALGUMA PODE GLORIAR-SE

1. ALMA FIEL. *Que é o homem – digo-me então –, para pensardes nele? Que são os filhos de Adão, para que vos ocupeis com eles?* (Sl 8,5).

Que merecimento tinha o homem para que lhe désseis vossa graça?

De que me poderei queixar, Senhor, se me desampparardes? Ou que poderei reclamar com justiça se me não concederdes o que Vos peço?

Certamente, eis o que posso pensar e dizer com verdade: Senhor, nada sou, nada posso, nada de bom tenho por mim; em tudo sinto a minha insuficiência; tendo sempre para o nada. Se me não ajudais e instruís interiormente, caio logo na tibieza e no relaxamento.

2. *Vós permaneceis o mesmo e vossos anos não têm fim* (Sl 101,28) e permaneceis eternamente, sempre bom, justo e santo, tudo fazendo com bondade, justiça e santidade, e tudo dispondo com sabedoria.

Mas eu, que mais me inclino para o mal que para o bem, não sei perseverar sempre no mesmo estado porque mudo sete vezes ao dia.

Todavia logo fico melhor quando Vos apraz estender-me a vossa mão protetora; porque Vós só, sem o concurso de ninguém, me podeis auxiliar e confirmar de tal modo que já não esteja o meu semblante sujeito à mudança e o meu coração para Vós só se volte e em Vós descanse para sempre.

3. Por isso, se eu soubesse renunciar a toda consolação humana ou para alcançar o fervor, ou pela necessidade de buscar-Vos só a Vós, por não haver quem me console, bem poderia esperar com confiança a vossa graça e exultar com a dádiva de uma nova consolação.

4. Graças Vos dou, Senhor; de Vós procede tudo o que me acontece de bom.

Quanto a mim, na vossa presença sou pura vaidade e nada; homem inconstante e frágil.

De que posso, pois, gloriar-me? Ou por que desejo ser estimado?

Talvez pelo meu nada? Que insensatez!

Em verdade, a vã glória é um mal terrível e a maior das vaidades! Afasta-nos da verdadeira glória e despoja-nos da graça celeste. O homem que se compraz em si, desapraz a Vós, e quando mendiga louvores humanos perde as verdadeiras virtudes.

5. Verdadeira glória, porém, e alegria santa é gloriar-se cada um em Vós e não em si; regozijar-se da vossa grandeza e não da própria virtude; não achar prazer em criatura alguma senão por amor de Vós.

Louvado seja o vosso nome, não o meu; exaltadas as vossas obras, não as minhas; bendito seja o vosso santo nome e nada se me atribua dos louvores dos homens.

Vós sois a minha glória e alegria do meu coração.

Em Vós me gloriarei e exultarei todo o dia: quanto a mim, de nada poderei gloriar-me senão *de minhas fraquezas* (2Cor 12,5).

6. Procurem embora os juDeus a glória que uns dão aos outros; eu só buscarei *a glória que é só de Deus* (Jo 5,44).

Toda a glória humana, toda a honra temporal, toda a grandeza mundana, em comparação com a vossa glória eterna, não passa de vaidade e loucura.

Oh! Deus meu, Verdade e Misericórdia minha, Trindade beatíssima! A Vós só louvor, honra, virtude e glória pelos séculos dos séculos sem fim!

Capítulo XLI

Do desprezo de toda a honra temporal

1. JESUS CRISTO. Filho, se vires que honram e elevam os outros e a ti te desprezam e humilham, não te entristeças.

Levanta o teu coração para Mim no céu e não te afligirá o desprezo dos homens na terra.

2. ALMA FIEL. Senhor, vivemos na cegueira e facilmente nos seduz a vaidade.

Se bem me examino, reconheço que nunca recebi injustiça de criatura alguma e, por isso, não tenho motivo de me queixar de Vós.

Depois de Vos haver ofendido tantas vezes e tão gravemente, é justo que se arme contra mim toda a criação.

Confusão e desprezo; eis o que em justiça me é devido; a Vós, porém, louvor, honra e glória.

E, enquanto não estiver disposto a querer de boa mente ser desprezado e abandonado das criaturas, e tido em nenhuma conta, não poderei nem alcançar a paz e a estabilidade interior, sequer ser iluminado espiritualmente, nem me unir plenamente a Vós.

CAPÍTULO XLII

QUE NOSSA PAZ NÃO DEVE DEPENDER DOS HOMENS

1. JESUS CRISTO. Filho, se fundares a tua paz em alguma pessoa, por causa da conformidade de sentimentos e trato familiar com ela, sentir-te-ás sempre instável e sem sossego.

Mas se recorreres à Verdade eternamente viva e imutável, não te contristará a partida ou a morte de um amigo.

Em Mim se há de fundar todo o amor do amigo; por Mim deves amar todos os que te parecem bons e te são mais caros na vida.

Sem Mim, não vale nem dura a amizade; nem é verdadeira e pura a afeição de que Eu não sou o vínculo.

De tal maneira deverias estar morto a estas afeições a entes queridos, que desejarias, quanto dependesse de ti, viver longe de todo comércio humano.

Quanto mais se afasta o homem das consolações da terra tanto mais se aproxima de Deus.

E tanto mais alto se eleva para Deus quanto mais profundamente se abate a si mesmo e se despreza.

2. Aquele, porém, que se atribui algum bem impede que lhe venha a graça de Deus, porque a graça do Espírito Santo procura sempre o coração humilde.

Se soubesses perfeitamente aniquilar-te e desprender-te de todo amor às criaturas, eu viria inundar-te a alma com a abundância de minha graça.

Quando olhas para as criaturas, perdes a vista do Criador. Aprende, por amor dele, a vencer-te em todas as coisas e chegarás ao conhecimento de Deus.

A coisa mais insignificante, se encarada e amada desordenadamente, mancha a alma e a afasta do Sumo Bem.

CAPÍTULO XLIII

CONTRA A VAIDADE DA CIÊNCIA DO SÉCULO

1. JESUS CRISTO. Filho, não te impressiones pelo que dizem os homens de belo e sutil, *porque o Reino de Deus não consiste em palavras, mas em atos (*1Cor 4,20).

Atende às minhas palavras que inflamam o coração e iluminam o entendimento, movem à compunção e infundem muitas consolações.

Nunca leias uma palavra com a intenção de parecer mais douto e sábio.

Aplica-te à mortificação dos vícios: ser-te-á mais útil que o conhecimento de muitas questões difíceis.

2. Por mais que estudes e aprendas, terás que voltar ao único princípio de tudo.

Eu sou que ensino a ciência ao homem (Sl 93,10) e ilumino a inteligência dos pequeninos mais claramente que qualquer homem com seus ensinamentos.

Aquele a quem eu falo bem depressa possuirá a sabedoria e fará grandes progressos na vida espiritual.

Ai dos que andam, entre os homens, à procura de questões curiosas e pouco se preocupam de aprender a servir-me.

Virá o dia em que há de aparecer o Mestre dos Mestres, Cristo, Senhor dos Anjos, para tomar a todos a lição, isto é, para examinar a consciência de cada um.

Então, Jerusalém será esquadrinhada com lâmpadas (Sf 1,12); serão manifestados os segredos das trevas (2Cor 4,6); e emudecerão as línguas.

3. Sou Eu que, em um momento, elevo a alma humilde e lhe dou maior compreensão da verdade eterna do que pudera adquirir frequentando as escolas por dez anos.

Ensino sem ruído de palavras, sem confusão de opiniões, sem fausto nem vã glória, e sem impugnação de argumentos. Sou Eu que ensino a desprezar os bens da terra, a aborrecer as coisas que passam, a procurar e apreciar as eternas; a fugir às honras, a suportar os escândalos, a pôr em Mim toda a esperança, a nada desejar fora de Mim e a amar-me ardentemente acima de tudo.

4. Por isso alguém, amando-me assim, aprendeu coisas divinas e delas falou maravilhosamente. Mais aproveitou em deixar tudo do que com estudar sutileza. Mas a uns manifesto coisas mais gerais, a outros, mais particulares; a alguns mostro-me suavemente envolto em sinais e figuras, a outros descubro toda a luz de meus mistérios.

Para todos, têm os livros a mesma linguagem, não a todos, porém, instruem do mesmo modo; porque sou Eu que ensino interiormente a verdade, perscruto o coração, penetro os pensamentos inspiro as ações, dando a cada um o que julgo justo.

CAPÍTULO XLIV

DE QUE NÃO SE DEVE O HOMEM EMBARAÇAR COM AS COISAS EXTERIORES

1. JESUS CRISTO. Filho, convém que ignores muitas coisas e te consideres como morto ao mundo e para quem todo o *mundo está crucificado*.

É preciso também que feches os ouvidos a muita coisa e penses mais no que importa à paz de tua alma.

Vale mais desviar os olhos do que te desagrada e deixar cada um em seu modo de pensar do que alimentar discussões.

Se estiveres bem com Deus e considerares os seus juízos, suportarás facilmente ser vencido.

2. ALMA FIEL. Ah! Senhor! A que ponto chegamos! Choramos uma perda temporal; trabalhamos e corremos por um pequeno lucro; e esquecemos os prejuízos da alma e deles apenas temos uma lembrança tardia.

Ao que pouco ou nada vale atendemos e ao que é sumamente necessário descuramos com negligência; porque o homem se derrama todo nas coisas exteriores e, se não entra logo em si, nelas se enterra com prazer.

CAPÍTULO XLV

DE COMO NÃO SE DEVE DAR CRÉDITO A TODOS E DE COMO É FÁCIL PECAR POR PALAVRAS

1. ALMA FIEL. Socorrei-me, Senhor, na tribulação, porque é vão qualquer socorro humano (Sl 59,13).

Quantas vezes não encontrei fidelidade, onde estava certo de achá-la? E quantas vezes a encontrei onde menos esperava?

Vaidade, portanto, esperar nos homens; em Vós, oh! meu Deus, está a salvação dos justos.

Bendito sejas, Senhor meu Deus, em tudo o que nos acontece! Somos fracos e inconstantes; com facilidade nos enganamos e mudamos.

2. Que homem há aí tão precavido e circunspeto em todas as suas ações que, às vezes, não caia em engano e perplexidade?

Mas quem confia em Vós, Senhor, e Vos busca na simplicidade do seu coração não resvala com tanta facilidade.

E se sofrer alguma tribulação, por mais emaranhado que esteja, Vós o livrareis sem tardança ou o consolareis, porque não desamparais para sempre ao que em Vós confia.

Raro é o amigo que permanece constantemente fiel em todas as adversidades que acabrunham o amigo.

Vós, Senhor, só Vós sois sempre fiel, e nenhum amigo é semelhante a Vós.

3. Oh! Que sabedoria a daquela alma santa que disse: *meu coração está firmado e fundado em Cristo* (S. Agata).

Se eu me achasse nesta disposição, não me perturbaria facilmente o temor dos homens nem me abalariam as suas palavras injuriosas.

Quem pode prever tudo? Quem se pode precaver contra todos os males futuros? Se os previstos muitas vezes nos fazem sofrer, como não nos hão de golpear fortemente os que nos colhem inopinados?

Mas por que motivo, eu, miserável, não me acautelei melhor? Por que razão com tanta facilidade me fiei dos outros?

Mas somos homens e nada mais que homens frágeis, ainda que muitos nos considerem e chamem anjos.

Em quem me hei de fiar, Senhor? Em quem, senão em Vós, Verdade que não engana nem se pode enganar?

O homem é um apoio falaz (Sl 115,11), fraco, inconstante, propenso a pecar, mormente em palavras, de modo que mal se lhe deve crer ainda no que, à primeira vista, parece verdadeiro.

4. Com quanta sabedoria nos advertistes que nos acautelássemos dos homens! Que os inimigos do homem são os de sua própria casa (Mt 10,17); que se alguém disser: *O Cristo, ei-lo aqui, ou ei-lo acolá* (Lc 17,21), não lhe devemos dar crédito.

Aprendi-o à minha custa; permita Deus que seja para me tomar menos imprudente e mais acautelado! Cuidado, diz-me alguém, cuidado; o que te digo é só para ti. E enquanto me calo e julgo que a coisa permanece em segredo, não pode silenciar quem me pediu silêncio; mas logo atraiçoa a mim, a si e vai-se.

Destas confidências enganosas livrai-me, Senhor, e não permitais que caia nas mãos destes homens imprudentes nem cometa semelhantes faltas.

Ponde na minha boca palavras verdadeiras e invariáveis; e da minha língua afastai todo artifício; o que não quero sofrer nos outros, devo de todo evitar em mim.

5. Oh! Quanta vantagem e quanta paz em não falar dos outros; não crer sem discernimento nem repetir levianamente tudo o que se ouve; abrir-se com poucos; buscar sempre a Vós que vedes o coração; não se deixar levar por todo sopro de palavras; mas desejar que todas as coisas, em nós e fora de nós, se cumpram segundo o bel-prazer de vossa vontade.

Que meio seguro para conservar a graça do Céu fugir das aparências humanas e não cobiçar o que atrai a admiração dos outros, aplicar-se com todo o zelo ao que corrige a vida e excita o fervor.

A quantos foi funesta lima virtude conhecida e louvada antes do tempo!

E de quanta utilidade foi a graça conservada em silêncio nesta vida miserável que é toda tentação e guerra contínua!

CAPÍTULO XLVI

DA CONFIANÇA QUE SE DEVE TER EM DEUS QUANDO NOS DISSEREM PALAVRAS AFRONTOSAS

1. JESUS CRISTO. Filho, está firme e espera em Mim. Palavras são palavras! Voam pelo ar, mas não quebram a pedra.

Se és culpado, pensa que de boa vontade te queres emendar; se de nada te acusa a consciência, resolve sofrer tudo com alegria, por amor de Deus.

Não é muito que às vezes suportes ao menos algumas palavras, tu que ainda não podes sofrer golpes mais pesados.

E por que motivo às coisas tão mesquinhas é ainda sensível o teu coração, senão porque és ainda carnal e te preocupas demasiadamente com os homens?

Temes ser desprezado e por isso não queres que te repreendam pelas tuas faltas e procuras abrigar-te à sombra das desculpas.

2. Examina-te melhor e reconhecerás que vive ainda em ti o mundo e o vão desejo de agradar os homens.

A repugnância que sentes em ser humilhado e confundido pelos teus defeitos bem mostra que não és ainda verdadeiramente humilde nem inteiramente morto ao mundo; e que o mundo não está crucificado para ti.

Ouve, porém, as minhas palavras e não te inquietarás de quanto disserem os homens.

Quando eles assacassem contra ti o que pode inventar a mais requintada malícia, que mal te faria isso, se os deixasses passar como palha que o vento leva? Perderias com isto um só cabelo?

3. Quem não tem o coração recolhido, nem a Deus sempre diante dos olhos, perturba-se facilmente com uma palavra de desprezo. Aquele, porém, que em Mim confia e não deseja apoiar-se no próprio juízo nada temerá dos homens.

Eu penetro e julgo todos os segredos; sei como se passam as coisas; conheço o ofensor e o ofendido.

Esta palavra, de Mim vem; este acontecimento, eu o permiti *para que fossem revelados os pensamentos de muitos corações* (Lc 2,35).

Julgarei o culpado e o inocente; antes, porém, por oculto juízo, quis provar a um e a outro.

4. Engana frequentemente o testemunho dos homens, mas é verdadeiro o meu juízo, subsistirá e não será revogado.

O mais das vezes permanece oculto e poucos são os que o descobrem em suas particularidades; nunca, porém, erra nem pode errar ainda que aos olhos dos insensatos não pareça justo.

A Mim, pois, se deve recorrer em qualquer juízo e não confiar no próprio parecer.

Não se perturbará o justo com qualquer coisa que lhe advenha da parte de Deus; e pouco se inquietará ainda que injustamente o acusem.

Mas também não exultará com vã alegria, se outros o ofenderem com razão; porque sabe que eu perscruto *os corações e os rins* (Sl 7,10) e não julgo segundo a exterioridade e as aparências humanas.

Na verdade o que parece louvável na opinião dos homens é, muitas vezes, aos meus olhos, digno de censura.

5. ALMA FIEL. Senhor Deus, justo juiz, forte e paciente que conheceis a fragilidade e a malícia dos homens, sede a minha fortaleza e toda a minha confiança, porque não me basta o testemunho da consciência.

Vós conheceis o que eu não conheço: e, por isso, quando sou repreendido, devo humilhar-me e sofrer com mansidão.

Perdoai-me, propício, todas as vezes que assim não procedi e dai-me de novo a graça de uma resignação maior.

A fim de alcançar o perdão, mais confio na vossa grande misericórdia do que na minha presumida virtude para justificar o que mal conhece a minha consciência.

De nada me acusa a consciência; contudo, nem por isto sou justificado (1Cor 4,4); porque, sem a vossa misericórdia, *ninguém que viva é justo diante de vós* (Sl 142,2).

CAPÍTULO XLVII

COMO SE DEVE SUPORTAR TODOS OS TRABALHOS POR AMOR DA VIDA ETERNA

1 . JESUS CRISTO. Filho, não esmoreças nos trabalhos que empreendeste por meu amor nem desanimes com as tribulações; mas em tudo o que acontecer, sejam-te as minhas promessas de força e de consolo.

Tenho poder para recompensar-te sem limite nem medida.

Não trabalharás aqui muito tempo nem viverás sempre oprimido de dores.

Espera um pouco e bem depressa verás o fim de teus males.

Hora virá em que há de cessar todo o trabalho e inquietação.

Pouco e breve é tudo o que passa com o tempo.

2. Faze bem o que fazes; trabalha fielmente na minha vinha; eu serei a tua recompensa.

Escreve, lê, canta, geme, cala, ora, sofre com coragem as adversidades: de todas estas pelejas e de maiores ainda é digna a vida eterna.

Virá a paz em dia que o Senhor sabe; e já não haverá dias e noites como na terra, mas luz perpétua, claridade infinita, paz inalterável e seguro repouso.

Já não dirás então: *quem me livrará deste corpo que me acarreta a morte?* (Rm 7,24). Nem exclamarás: *Pobre de mim, que se prolonga o meu exílio* (Sl 119,5). A morte será destruída; eterna será a salvação; já não haverá angústia, mas alegria bem-aventurada, nobre e agradável companhia.

3. Oh! Se visses no céu as coroas imarcescíveis dos Santos e de quanta glória exultam agora os que em seu tempo o mundo desprezou e tinha por indignos da vida, por certo que logo te prosternarias até o pó da terra e quererias antes obedecer a todos que mandar a um só.

Nem mesmo cobiçarias os dias felizes desta vida, antes, folgarias de sofrer por amor de Deus e estimarias o maior dos lucros ser tido por nada entre os homens.

4. Oh! Se apreciasses estas verdades e as deixasses penetrar até o fundo do teu coração, como ousarias queixar-te ainda uma só vez?

Pela vida eterna não se deve, porventura, tolerar todos os trabalhos?

Será coisa de pouca monta perder ou ganhar o reino de Deus?

Levanta os olhos ao céu. Aqui estou e comigo' todos os meus Santos; no mundo pelejaram o grande combate, agora são felizes; agora estão consolados e seguros; descansam agora e comigo permanecerão sempre no reino de meu Pai.

CAPÍTULO XLVIII

DO DIA DA ETERNIDADE E DAS MISÉRIAS DESTA VIDA

1. ALMA FIEL. Oh! Bem-aventurada mansão da cidade celestial! Oh! dia claríssimo da eternidade, que a noite nunca obscurece e a Verdade suprema ilumina sempre! Dias de inalterável alegria e repouso, livre de qualquer vicissitude!

Ah! Prouvera a Deus amanhecesse este dia e passassem todas as coisas do tempo!

Para os Santos já brilha no esplendor da sua eterna claridade, mas para os peregrinos da terra só de longe se vislumbra e como uma miragem.

2. Conhecem-lhe as alegrias os cidadãos do céu, mas os degredados filhos de Eva gemem a amargura e o tédio da vida presente.

Curtos e maus foram os anos de minha vida (Gn 47,9), cheios de dores e angústias. Neles, mancha-se o homem de muitos pecados, emaranha-se em muitas paixões, angustia-se com mil temores, dispersa-se em mil cuidados, distrai-se com muitas curiosidades, embaraça-se com muitas vaidades, envolve-se em muitos erros, esgota-se em muitos trabalhos, aflige-se com as tentações, efemina-se com prazeres, sofre com a indigência.

3. Oh! Quando virá o fim destes males? Quando me verei livre da miserável escravidão dos vícios? Quando me lembrarei só de Vós, Senhor? Quando me alegrarei plenamente em Vós? Quando, desembaraçado de todo impedimento, gozarei da verdadeira liberdade, sem mais aflições na alma e no corpo?

Quando possuirei uma paz sólida, paz estável, imperturbável paz interna e externa, paz assegurada de todos os lados?

Oh! Bom Jesus, quando me será dado ver-Vos? E contemplar a glória do vosso reino? Quando me sereis tudo em todas as coisas?

Oh! Quando estarei convosco no reino que, desde toda a eternidade, preparastes para os que Vos amam?

Desamparado estou, pobre e desterrado, em terra inimiga, onde contínuos são os combates e a miséria extrema.

4. Consolai o meu desterro, mitigai a minha dor; por Vós suspiram todos os meus desejos; são-me de peso todas as consolações que me oferece o mundo.

Desejo gozar intimamente de Vós, mas não vos posso atingir; queria aplicar-me às coisas do céu, mais para baixo arrastam-me as da terra com as minhas paixões imortificadas.

O espírito aspira a elevar-se acima de todas as coisas, mas a carne violentamente a elas me submete.

Assim, criatura infeliz, comigo estou sempre em luta e a Mim mesmo sou pesado: busca elevar-se o espírito e degradar-se a carne.

5. Oh! Como sofro interiormente quando, meditando as coisas do céu, me assalta na oração um tropel de pensamentos carnais!

Ó Deus, não vos afasteis de mim (Sl 70,12); *não afasteis com ira o vosso servo* (Sl 26,9).

Fulminai o raio e dispersai-os, lançai vossas setas e afugentai-os (Sl 143,6) e afugentai estes fantasmas do inimigo.

Concentrai em Vós os meus sentidos; fazei que esqueça tudo o que é do mundo; dai-me a graça de repelir e desprezar as imagens do vício.

Socorrei-me, Verdade eterna, para que me não seduzam as vaidades.

Vinde a mim, suavidade celeste e, com a vossa presença, desapareça toda a impureza.

Perdoai-me também e usai de misericórdia comigo todas as vezes que na oração me ocupo de outra coisa fora de Vós.

Confesso sinceramente que as distrações me são habituais. Muitas vezes não estou onde está o meu corpo, de pé ou sentado, mas onde sou levado pelos pensamentos.

Estou onde está o meu pensamento, e meu pensamento, quase sempre, onde está o meu amor.

O que naturalmente me deleita ou o costume me torna agradável ocorre-me com facilidade à memória.

6. Por isso, Vós, que sois a Verdade, dissestes expressamente *que onde estiver o teu tesouro, lá também está teu coração* (Mt 6,21). Se amo o céu, gosto de pensar nas coisas celestes.

Se o mundo amo, alegro-me com as prosperidades do mundo e entristeço-me com as suas adversidades.

Se amo a carne, imagino muitas vezes o que é carnal.

Se amo o espírito, alegro-me em pensar nas coisas espirituais.

Do que amo é-me grato falar e ouvir falar; e sua lembrança trago comigo para casa.

Bem-aventurado, porém, Senhor, o homem que, por amor de Vós, abre mão de todas as criaturas; que faz violência à natureza, e crucifica, com o fervor do espírito, as concupiscências da carne, a fim de, tranquilizada a consciência, oferecer-Vos uma oração pura e, desembaraçado interna e externamente de todas as coisas da terra, tornar-se digno de unir-se ao coro dos anjos.

CAPÍTULO XLIX

DO DESEJO DA VIDA ETERNA E DA GRANDEZA DOS BENS PROMETIDOS AOS QUE COMBATEM

1. JESUS CRISTO. Filho, quando sentires infundir-te do alto o desejo da eterna bem-aventurança e suspirares por sair da tenda do corpo, para poder contemplar a minha luz sem sombras de vicissitude, dilata o teu coração e acolhe esta santa inspiração com todo o fervor.

Dá imensas graças à soberana Bondade que assim se digna favorecer-te, com tanta clemência te visita, com tanto ardor te excita e te sustenta com mão poderosa para que teu peso te não arraste para as coisas da terra.

E este bem não é fruto de teus pensamentos, de teus esforços, mas favor da graça suprema e do meu divino olhar.

Assim, progredindo nas virtudes e crescendo na humildade, prepara-te para futuros combates e esforça-te para unir-te a Mim com todo o afeto do coração e servir-me com todo o fervor da vontade.

2. Filho, muitas vezes arde o fogo, mas sem fumo não se eleva a labareda.

Assim alguns se abrasam em desejos das coisas do céu, mas não estão livres da tentação dos afetos carnais.

Por isso, não têm só em vista a glória de Deus no que com tanta insistência lhe pedem.

Tal é muitas vezes o teu desejo que te parece tão ardente; não é puro nem perfeito o que vai contaminado de interesse próprio.

3. Pede-me, não o que te é agradável e vantajoso, mas o que me honra e apraz; porque, se julgas com acerto, deves escolher e seguir meus mandamentos de preferência aos teus desejos e a tudo quanto se pode desejar.

Conheço o teu desejo e ouvi os teus contínuos gemidos.

Já queres gozar da liberdade gloriosa dos filhos de Deus; já te enche de prazer a mansão eterna, a pátria celeste com a plenitude de sua felicidade.

Mas ainda não é chegada a hora, outro é o tempo presente, tempo de luta, tempo de trabalhos e provações.

Desejas saciar-te do Sumo Bem, mas não é ainda possível. Sou eu este Bem; espera por Mim, diz o Senhor, até que venha o reino de Deus.

4. Ainda tens que ser provado na terra e experimentado de muitas maneiras.

Consolações, receberás de quando em quando, não, porém, em tal abundância que saciem os teus desejos.

Sê firme e corajoso (Js 1,6), tanto para fazer como para padecer o que repugna à natureza.

Importa que te revistas do homem novo e te mudes em outro homem.

Muitas vezes terás que fazer o que não queres e renunciar ao que queres.

Os projetos dos outros vão por diante, os teus malogram.

Os outros serão ouvidos, do que disseres não se fará nenhum caso.

Receberão eles o que pedirem, o que pedires tu, te será negado.

5. Da grandeza de muitos falarão os homens, de ti não dirão palavra.

Outros serão incumbidos dos negócios, tu não serás julgado capaz de coisa alguma.

Por tudo isto se contrista às vezes a natureza; e muito será, se o souberes suportar em silêncio.

A estas provações e a mil outras semelhantes é submetido o verdadeiro servo do Senhor para ver até que ponto é capaz de renunciar a si mesmo e vencer-se em tudo.

Dificilmente sentirás tanto a necessidade de morrer a ti mesmo, como nas ocasiões em que deverás ver e sofrer o que te repugna à vontade, mormente quando te mandam fazer o que te parece inútil ou despropositado.

E porque, vivendo sob a obediência de um superior, não ousas resistir à sua autoridade, parece-te duro andar às ordens de outrem e não agir nunca de conformidade com o teu modo de ver.

6. Pensa, porem, filho, no fruto destes trabalhos, no seu fim próximo, no seu prêmio incomparavelmente grande, e longe de lhes sentires o peso, terás para sofrê-los imenso conforto.

Por haveres renunciado agora, espontaneamente, à tua vontade em pequenas coisas, tê-la-ás no céu sempre satisfeita.

Lá acharás, com efeito, tudo o que quiseres, tudo o que puderes desejar.

Terás todos os bens à tua disposição, sem receio de perdê-los.

A tua vontade, sempre unida à minha, nada apetecerá de estranho ou de particular.

Ninguém te resistirá, ninguém se queixará de ti, ninguém suscitará contrariedades ou obstáculos; mas a presença simultânea de tudo o que puderes desejar, encher-te-á de gozo e saciará plenamente o teu coração.

Lá darei glória pelos opróbrios sofridos, uma vestidura de alegria pela tristeza, e pelo último lugar escolhido um trono no meu reino eterno.

Lá se colherá o fruto da obediência, exultará a penitência pelos seus sofrimentos e a humilde sujeição será gloriosamente coroada.

7. Submete-te, pois, agora, a todos com humildade, nem te preocupes em indagar quem disse isto ou ordenou aquilo.

Procura com diligência levar a bem e cumprir com vontade sincera tudo o que te for pedido ou mandado pelos teus superiores, pelos teus iguais, ou mesmo pelos inferiores.

Busquem uns isto, outros aquilo, glorie-se este em uma coisa, aquele noutra e seja mil vezes louvado; quanto a ti não ponhas a tua alegria senão no desprezo de ti mesmo e na minha vontade e glória.

O que deves desejar é que *assim na vida como na morte* (Fl 1,20), Deus seja sempre em ti glorificado.

CAPÍTULO L

COMO NA TRIBULAÇÃO SE DEVE O HOMEM ENTREGAR NAS MÃOS DE DEUS

1. ALMA FIEL. Senhor meu Deus, Pai santo, bendito sejais agora e para sempre, porque como quereis assim foi feito, e tudo quanto fazeis é bom.

Alegre-se o vosso servo, não em si nem em criatura alguma, senão em Vós; só Vós sois a verdadeira alegria, minha esperança e minha coroa, Vós minha felicidade e minha glória.

Que possui o vosso servo que de Vós não tenha recebido, sem nenhum merecimento seu?

Sou miserável e desde jovem agonizo (Sl 87,16); algumas vezes contrista-se a minha alma até as lágrimas, outras perturba-se por causa das paixões que ameaçam assaltá-la.

2. Desejo a alegria da paz, imploro a paz dos vossos filhos que apascentais na luz das vossas consolações.

Se me concederdes a paz, se me infundirdes a santa alegria, encher-se-á de melodias a alma de vosso servo e, em transportes de devoção, entoará os vossos louvores.

Mas se Vós Vos retirardes, como costumais fazer tantas vezes, já não poderá correr no caminho dos vossos mandamentos; cairá de joelhos e baterá o peito, porque já lhe não vão as coisas como antes quando *a sua lâmpada luzia sobre a minha cabeça e a sua luz me guiava nas trevas* (Jó 29,3) e à sombra de vossas asas se abrigava (Sl 16,8) contra o assalto das tentações.

3. Pai justo e digno sempre de ser louvado, é chegada a hora da provação para o vosso servo.

Pai amável, justo é que nesta hora padeça alguma coisa por vosso amor.

Pai eternamente adorável, chegou a hora que previstes desde toda a eternidade em que por algum tempo há de sucumbir o vosso servo exteriormente, sem cessar, internamente, de viver sempre em Vós.

Por algum tempo necessário é que seja vilipendiado, humilhado e abatido diante dos homens, quebrantado de sofrimentos e enfermidades, para que de novo convosco ressuscite na aurora da nova luz e nos esplendores do céu.

Pai santo, assim o determinastes, assim o quisestes; cumpriu-se o que ordenastes.

4. É uma graça que fazeis aos que Vos amam: enviar-lhes padecimentos e tribulações neste mundo, por vosso amor, quantas vezes permites e por quem permites.

Nada acontece na terra sem razão, sem sabedoria e sem ordem da vossa Providência.

Foi bom para mim ser afligido, a fim de aprender vossos decretos (Sl 118,71) e desterre do meu coração toda presunção e toda soberba.

Foi-me útil que o *meu rosto se haja coberto de confusão* (Sl 68,8) para que procure a consolação antes em Vós que nos homens.

Aprendi assim a temer também os vossos imperscrutáveis juízos, segundo os quais afliges o justo e o ímpio, mas sempre com equidade e justiça.

5. Graças Vos dou, porque não deixastes sem castigo as minhas maldades, ferindo-me severamente, infringindo-me dores e enviando-me angústias interiores e exteriores.

De quanto existe debaixo do céu, nada é capaz de consolar-me; só Vós, Senhor meu Deus, médico celeste das almas, que feris e sarais, *conduzis a profundos abismos e deles tirais* (Tb 13,2).

Estou sob a vossa disciplina e os vossos próprios castigos me instruem (Sl 17,36).

6. Pai querido, eis-me nas vossas mãos, curvo-me sob a vara que me castiga.

Feri-me as costas e a cerviz para que a vossa vontade endireite o que em mim há de tortuoso.

Fazei-me discípulo vosso, humilde e piedoso, como sabeis tão bem fazê-lo, sempre pronto a obedecer ao menor aceno vosso.

Entrego-me com tudo o que me pertence à vossa correção: melhor é ser punido nesta vida do que na futura.

Conheceis todas as coisas e cada uma em particular; e nada Vos é oculto na consciência do homem.

Sabeis o futuro antes que se realize e não tendes necessidade de quem Vos instrua ou advirta do que se passa na terra.

Sabeis o que é útil ao meu aproveitamento e como serve a tribulação para purificar a ferrugem dos vícios.

Disponde de mim segundo a vossa adorável vontade, e não me desprezeis por causa de minha vida pecaminosa, que ninguém conhece melhor e mais claramente que Vós.

7. Dai-me, Senhor, a graça de saber o que convém saber, amar o que devo amar, louvar o que mais Vos agrada; estimar o que para Vós é precioso, censurar o que aos vossos olhos é abominável.

Não permitais que eu julgue segundo o que veem os olhos, nem sentencie pelo que ouço de homens sem experiência, mas fazei que saiba discernir, com juízo verdadeiro, as coisas sensíveis e as espirituais e busque, acima de tudo, a vossa vontade.

8. Enganam-se, muitas vezes, no julgar os sentidos dos homens; erram também os amigos do mundo, amando só as coisas visíveis.

Torna-se porventura melhor um homem, porque por maior o estima um outro?

O homem que exalta outro é um mentiroso que engana outro mentiroso; um vaidoso que engana outro vaidoso; um cego que engana outro cego; um doente que engana outro doente; e na realidade cobre-o de confusão com os seus vãos louvores.

Por isto já dizia o humilde S. Francisco: o homem vale o que vale aos vossos olhos e nada mais.

CAPÍTULO LI

QUE DEVEMOS OCUPAR-NOS DE OBRAS HUMILDES, QUANDO NÃO TEMOS FORÇAS PARA OUTRAS MAIS ELEVADAS

1. JESUS CRISTO. Filho, não podes conservar continuamente o desejo fervoroso das virtudes, nem permanecer sempre no mais alto grau da contemplação; por causa da corrupção original é necessário, de quando em quando, descer às coisas inferiores e levar, ainda contra a vontade e com tédio, o fardo desta vida corruptível.

Enquanto viveres neste corpo mortal, sentirás desgosto e angústias de coração.

É necessário que, revestido de carne, gemas muitas vezes sob o peso da carne, porque não te podes aplicar continuamente aos exercícios espirituais e à divina contemplação.

2. Nessas ocasiões é bom procurar um refúgio nas ocupações exteriores e humildes e distrair-te com boas obras; esperar com firme confiança a minha vinda e a visita do alto; suportar com paciência o teu exílio e a aridez da alma, até que de novo eu te visite e livre de todas as tuas inquietações.

Far-te-ei esquecer os teus sofrimentos e gozar a paz interior.

Estenderei diante dos teus olhos os prados das Escrituras para que comeces, com o coração dilatado, *a correr pelo caminho dos meus mandamentos.*

Dirás, então: *os sofrimentos da presente vida não têm proporção alguma com a glória futura que nos deve ser manifestada* (Rm 8,18).

CAPÍTULO LII

QUE O HOMEM NÃO SE DEVE JULGAR DIGNO DE CONSOLAÇÃO, MAS DE CASTIGO

1. ALMA FIEL. Senhor, não sou digno que me consoleis nem que me visiteis espiritualmente; e, por isso, quando me deixais pobre e desamparado, me tratais com justiça.

Ainda que minhas lágrimas corressem abundantes como as águas do mar, não seria digno de vossa consolação.

Só mereço castigos e punições, porque vos ofendi muitas vezes e gravemente pequei de mil maneiras.

Assim, bem pesadas todas as coisas, sou indigno da menor das vossas consolações.

Mas Vós, Deus clemente e misericordioso, que não quereis pereçam as vossas obras para manifestar as riquezas da vossa bondade nos vasos de misericórdia, Vos dignais dar ao vosso servo consolações superiores a toda consolação humana e para além de todo seu merecimento.

Não são as vossas consolações como as vãs consolações dos homens.

2. Que fiz eu, Senhor, para merecer alguma consolação do céu?

Não me lembro de haver feito bem algum; fui sempre inclinado ao vício e negligente em corrigir-me.

Esta é a verdade e não a posso negar. Se dissesse o contrário, Vós Vos levantaríeis contra mim e não haveria quem me defendesse.

Pelos meus pecados, que mereci senão o inferno e o fogo eterno?

Com sinceridade confesso que sou digno de todo escárnio e desprezo e nem mereço ser contado entre os vossos servos.

E ainda que me seja penoso ouvir isto, darei testemunho pela verdade contra mim e acusarei os meus pecados, a fim de que mais facilmente mereça alcançar a vossa misericórdia.

3. Que direi, cheio de culpas e de confusão? Só esta palavra me vem aos lábios: pequei, Senhor, pequei; tende piedade de mim e perdoai-me.

Concedei-me ainda algum tempo para que desafogue a minha dor *antes que eu parta, para não mais voltar, ao tenebroso país das sombras da morte* (Jó *10*,20-21).

Que mais exiges de um pecador, criminoso e miserável, senão que se arrependa e humilhe por seus pecados?

O verdadeiro arrependimento e a humildade de coração fazem nascer a esperança do perdão, tranquilizam a consciência perturbada, reparam a graça perdida, preservam o homem da ira futura e reúnem, no ósculo santo, Deus e a alma penitente.

4. Esta dor humilde dos pecados é, Senhor, um sacrifício agradável aos vossos olhos e de muito mais suave odor que o aroma do incenso.

É ainda o bálsamo precioso que quisestes fosse derramado sobre os vossos sagrados pés, porque *um espírito contrito, um coração arrependido e humilhado, ó Deus, que não haveis de desprezar* (Sl 50,19).

É ele o lugar de refúgio contra o furor do inimigo; nele é que emendam e purificam todas as manchas contraídas alhures.

CAPÍTULO LIII

QUE A GRAÇA DE DEUS NÃO SE COMUNICA AOS QUE GOSTAM DAS COISAS DA TERRA

1. JESUS CRISTO. Filho, dom precioso é a minha graça, que não sofre mistura de coisas estranhas nem de consolações terrenas.

Importa, pois, remover-lhe todos os obstáculos, se a queres receber.

Procura o retiro, ama a solidão, não busques a conversação de ninguém; pede fervorosamente a Deus que te conserve o coração compungido e a consciência pura.

Não faças nenhum caso do mundo inteiro; prefere o serviço de Deus às coisas exteriores.

É impossível ocupar-te de Mim e deleitar-te ao mesmo tempo no que passa.

É necessário apartar-te de conhecidos e amigos e privar a tua alma de toda consolação terrena.

Assim recomenda o apóstolo S. Pedro aos servos de Cristo, se comportem como *estrangeiros e peregrinos* (1Pd 2,11) neste mundo.

2. Oh! Que confiança terá na hora da morte quem não se sentir preso ao mundo por nenhuma afeição!

Mas ter assim o coração desapegado de tudo não o compreende a alma ainda enferma; nem conhece o homem carnal a liberdade do homem interior.

Entretanto se quiser verdadeiramente ser espiritual deverá renunciar a parentes e a estranhos e, mais do que de ninguém, desconfiar de si mesmo.

Se chegares a vencer-te perfeitamente; tudo o mais vencerás com facilidade.

Perfeita vitória é triunfar de si.

Quem se domina de tal forma que os sentidos obedeçam à razão e a razão Me obedeça a Mim em tudo, é verdadeiramente vencedor de si e senhor do mundo.

3. Se aspiras a estas alturas, importa principiar com coragem e pôr o machado à raiz para arrancar e destruir o amor secreto e desordenado de ti e de todos os bens particulares e sensíveis.

Este afeto desregrado de si é o vício de que nasce quase tudo quanto deve ser extirpado até a raiz: uma vez debelado e vencido este mal, haverá logo grande paz e tranquilidade.

Como, porém, são poucos os que trabalham para morrer de todo a si mesmos e sair completamente do próprio amor, por isso ficam muitos embaraçados em seus afetos e incapazes de se elevar acima de si próprios em espírito.

Aquele que deseja seguir-me livremente deverá mortificar todas as inclinações viciosas e desregradas e não se apegar a criatura alguma com amor privado e concupiscente.

CAPÍTULO LIV

DA DIFERENÇA DOS MOVIMENTOS DA NATUREZA E DA GRAÇA

1. JESUS CRISTO. Filho, examina com cuidado os movimentos da natureza e da graça; são entre si extremamente opostos, mas a diferença é tão sutil que a custo se pode discernir, a não ser por um homem espiritual e iluminado na vida interior.

Todos os homens desejam o bem e alguma coisa boa visam em suas palavras e ações; por isso, sob esta aparência de bem enganam-se muitos.

2. A natureza é astuta, arrasta, enreda e seduz a maior parte dos homens, e tem sempre a si mesma por fim.

A graça, pelo contrário, procede com simplicidade, foge de toda e a sombra do mal, não usa artifícios e tudo faz por puro amor de Deus, em quem repousa como em seu fim.

3. A natureza tem repugnância à morte, não sofre espontaneamente que a deprimam ou a vençam, que a submetam ou subjuguem.

Mas a graça leva o homem a mortificar-se, resiste à sensualidade, quer estar sujeita e deseja ser vencida, não quer usar da própria liberdade, gosta de viver submissa à disciplina e não aspira dominar a ninguém; quer sempre estar, viver e conservar-se sob a mão de Deus *e por amor do Senhor, sede submissos, pois, a toda autoridade humana* (1Pd 2,13).

4. Trabalha a natureza para o seu próprio interesse e calcula o lucro que lhe pode advir dos outros.

A graça, porém, sem cuidar no que lhe é útil ou vantajoso, considera mais o que aproveita ao maior número.

5. Honras e homenagens recebe com gosto a natureza; a Deus fielmente atribui toda honra e glória, a graça.

6. A natureza teme a confusão e o desprezo; a graça folga de *sofrer afrontas pelo nome de Jesus* (At 5,41).

7. A natureza ama a ociosidade e o bem-estar do corpo; a graça não pode estar ociosa e com gosto abraça o trabalho.

8. A natureza procura possuir coisas raras e belas e tem horror ao que é vil e grosseiro.

Deleita-se a graça com as coisas simples e humildes, não despreza o que é rude nem enjeita os vestidos já usados.

9. A natureza estima as coisas temporais, alegra-se com os lucros, aflige-se com os prejuízos, irrita-se com a mais leve palavra injuriosa.

A graça atende aos bens eternos e não se apega aos temporais, não se perturba com nenhuma perda nem se ofende com as palavras mais ásperas, porque colocou o seu tesouro e sua alegria no céu onde nada perece.

10. A natureza é interesseira, folga mais em receber que em dar, quer ter bens próprios e particulares.

A graça é compassiva e nada reserva para si, evita as singularidades, contenta-se com pouco e tem por *maior felicidade dar que receber* (At 20,35).

11. Inclina-se a natureza às criaturas, à própria carne, às vaidades e distrações.

Eleva-nos a graça a Deus, excita-nos à virtude, renuncia às criaturas, foge ao mundo, aborrece os desejos da carne, corta pelos passatempos e cora de aparecer em público.

12. Folga a natureza em ter alguma consolação exterior que afague os sentidos; só por Deus procura ser consolada a graça e, acima das coisas visíveis, deleita-se no Sumo Bem.

13. Tudo faz a natureza por amor do próprio lucro e utilidade; nada sabe fazer gratuitamente, mas, por um benefício, espera outro igual ou melhor, aplausos ou favores; deseja sejam tidas em grande conta suas ações e dádivas.

A graça, ao invés, nenhum bem terreno procura; como recompensa não pede outro prêmio senão a Deus só; mesmo das coisas temporais indispensáveis quer apenas o que lhe pode ser útil para conseguir os bens eternos.

14. Compraz-se a natureza em ter muitos parentes e amigos, gloria-se das altas posições e da nobreza de linhagem, sorri aos poderosos, lisonjeia os ricos, aplaude os que lhe são semelhantes.

Ama a graça até os inimigos e não se ufana do grande número de amigos; não faz nenhum caso da posição e grandeza dos antepassados a não ser que se tenham distinguido por maior virtude; favorece antes ao pobre que ao rico; compadece-se mais do inocente que do poderoso; alegra-se com as pessoas sinceras e aborrece as mentirosas; e não se cansa de exortar os bons a se esforçarem por ser melhores (1Cor 12,31) e assemelharem-se por suas virtudes ao Filho de Deus.

15. A natureza está sempre pronta a queixar-se do que lhe falta ou a incomoda; com grande constância suporta a graça as privações.

16. Tudo dirige a si a natureza; por seus interesses peleja e discute.

A graça refere todas as coisas a Deus, origem de que dimanam; a si não atribui nenhum bem nem de si presume com arrogância; não porfia nem prefere o seu parecer ao de outrem; mas submete todos os seus pensamentos e sentimentos à eterna sabedoria e ao divino juízo de Deus.

17. A natureza é curiosa de saber segredos e ouvir novidades; quer mostrar-se em público e experimentar muitas sensações; deseja ser conhecida e atrair sobre si louvores e admiração.

A graça não se preocupa com curiosidades e novidades, porque tudo isto nasce da corrupção antiga e nada há de novo e durável na terra.

Ensine assim a reprimir os sentidos, a evitar a vã complacência e ostentação, a esconder humildemente o que é digno de elogio e admiração e a não procurar na ciência, como em tudo o mais, senão o que é útil e redunda em louvor e glória de Deus.

Não quer louvores, nem para si nem para o que lhe pertence, mas deseja que Deus seja bendito em todos os dons que por puro amor nos dispensa.

18. É esta graça uma luz sobrenatural e um dom especial de Deus; é propriamente o sinal dos eleitos e o penhor da salvação eterna; das coisas da terra eleva o homem ao amor das do céu e de carnal o transforma em espiritual.

Por isso, quanto mais se reprime e vence a natureza, tanto mais abundante se infunde a graça, e com estas novas visitas, de dia para dia, se vai reformando o homem interior segundo a imagem de Deus.

CAPÍTULO LV

DA CORRUPÇÃO DA NATUREZA E DA EFICÁCIA DA GRAÇA DIVINA

1. ALMA FIEL. Senhor, meu Deus, que me criastes à vossa imagem e semelhança, concedei-me esta graça, que me mostraste tão excelente e necessária à salvação, de vencer a minha natureza corrompida que me arrasta ao pecado e à perdição.

Sinto em minha *carne a lei do pecado que se opõe à lei do meu espírito (*Rm 7,23) e me leva, como escravo, a obedecer em muitas coisas à sensualidade; e não posso resistir às paixões que em mim excita se não me assistir a vossa santíssima graça infundida com amor ardente em meu coração.

2. Necessária é a graça e uma grande graça para vencer a natureza inclinada ao mal desde a infância (Gn 8,21).

Decaída no primeiro homem, Adão, e depravada pelo pecado, a pena desta mancha transmitiu-se a todos os homens; de maneira que a própria natureza, por vós criada na justiça e na retidão, se confunde com a fraqueza e a desordem de uma natureza corrompida, porque os seus movimentos, de si, arrastam para o mal e para as coisas da terra.

A pequena força que lhe ficou é como uma centelha escondida embaixo da cinza.

É esta centelha a razão natural, que, embora envolta em densas trevas, é ainda capaz de discernir o bem do mal, o verdadeiro do falso, mas sem força para cumprir o que aprova e sem possuir a luz plena da verdade e da pureza sadia das afeições.

3. Daí vem, meu Deus, que me agrada a vossa lei segundo o homem interior (Rm 7,22) e reconheço que os vossos mandamentos são bons, justos e santos, reprovam todo o mal e mandam fugir o pecado.

Segundo a carne, porém, *sou escravo da Lei do pecado* (*Ibid.* 26), obedecendo mais à sensualidade que à razão, *não faço o bem que quereria, mas o mal que não quero* (*Ibid.* 19).

Assim é que tomo muitas resoluções boas, mas, faltando a graça para auxiliar a minha fraqueza, ao menor obstáculo volto atrás e desanimo.

Por isso ainda conheço o caminho da perfeição e vejo com clareza como devo proceder, mas, oprimido pelo peso da própria corrupção, não me elevo ao mais perfeito.

4. Ah! Senhor, como acima de tudo me é necessária a vossa graça para dar começo ao bem, para prossegui-lo e completá-lo!

Sem ela de nada sou capaz; mas, com a sua força, tudo posso em Vós.

Ó graça verdadeiramente celestial, sem a qual nada valem os merecimentos próprios e os dons naturais!

As artes e as riquezas, a formosura e a força, o talento e a eloquência, aos vossos olhos, Senhor, nenhum valor têm, sem a graça.

A bons e maus são comuns os dons da natureza; só a graça ou caridade é dom próprio dos eleitos que, adornados com ela, são dignos da vida eterna.

Tal é a excelência da graça, que, sem ela, nem o dom da profecia, nem o poder de operar milagres nem a mais alta especulação merecem alguma estima.

A própria fé e a esperança e as demais virtudes não vos são aceitas sem a caridade e a graça.

5. Oh! Graça beatíssima, que enriqueces de virtudes ao pobre de espírito; e ao rico de grandes bens tornas humilde de coração, vem, desce a meu peito, enche-me, desde a manhã, de tuas consolações, para que de cansaço e aridez não venha a desfalecer a minha alma.

Peço-Vos, Senhor, que eu ache graça aos vossos olhos; ainda que nada alcance do que deseja a natureza, a vossa graça me baste.

Se for tentado e oprimido por muitas tribulações, nenhum mal temerei enquanto comigo estiver a vossa graça.

Ela é minha força, meu conselho e meu apoio; mais poderosa que todos os inimigos, mais sábia que todos os sábios.

6. A graça ensina a verdade e forma à disciplina; é luz do coração, consolo nas aflições, afugenta a tristeza, dissipa os temores, alimenta a devoção e faz brotar lágrimas.

Que sou eu sem ela, senão lenho seco, tronco inútil que se lança fora?

Previna-me, pois, sempre, Senhor, e acompanhe-me a vossa graça e me torne continuamente atento à prática das boas obras, por Jesus Cristo vosso Filho. Amém. (*Orat.* 16º Dom. depois de Pentecostes)

CAPÍTULO LVI

DE QUE DEVEMOS RENUNCIAR A NÓS MESMOS E IMITAR A JESUS CRISTO, LEVANDO A CRUZ

1. JESUS CRISTO. Filho, quanto mais conseguires sair de ti, tanto mais poderás chegar a Mim.

Assim como nada desejar de fora produz a paz interior, assim deixar-se internamente a si une a alma a Deus.

Quero que aprendas a perfeita renúncia de ti na minha vontade, sem repugnância e sem queixa.

Segue-me (Mt 9,9); *eu sou o caminho, a verdade e a vida* (Jo 14,6). Sem caminho não se anda; sem verdade não se conhece; sem vida não se vive.

Eu sou o caminho que deves trilhar, a verdade que deves crer, a vida que deves esperar.

Eu sou o caminho sem perigo, a verdade sem erro, a vida sem morte.

Eu sou o caminho direito, a verdade suprema, a vida verdadeira, a vida bem-aventurada, a vida incriada.

Se perseverares em meu caminho, *conhecereis a verdade e a verdade vos livrará* (*Jo* 8,32) e alcançarás a vida eterna.

2. *Se queres entrar na vida, observa os mandamentos* (Mt 19,17). Se queres conhecer a verdade, crê em Mim.

Se queres ser perfeito, vende teus bens (Mt 19,21).

Se queres ser meu discípulo, renuncia a ti mesmo.

Se queres possuir a vida bem-aventurada, despreza a vida presente.

Se queres ser exaltado no céu, humilha-te neste mundo.

Se queres reinar comigo, comigo carrega a Cruz; só os servos da Cruz encontram o caminho da bem-aventurança e da luz verdadeira.

3. ALMA FIEL. Senhor Jesus, estreito é o vosso caminho e pelo mundo desprezado; dai-me a graça de Vos imitar no desprezo do mundo. *O discípulo não é mais que o mestre, o servidor não é mais o que patrão* (Mt 10,24).

Exercite-se o vosso servo em imitar a vossa vida; que nela está a salvação e a verdadeira santidade.

Tudo o que fora dela leio ou ouço não me consola nem satisfaz plenamente.

4. JESUS CRISTO. Filho pois que leste e sabes todas estas coisas, bem-aventurado serás se as puseres em prática (Jo 13,17).

Aquele que tem os meus mandamentos e os guarda, esse é que me ama. E aquele que me ama será amado por meu Pai, e eu o amarei e me manifestarei a ele (Jo 14,21).

5. ALMA FIEL. Senhor Jesus, faça-se em mim segundo a vossa palavra e a vossa promessa; dai-me que o mereça.

Recebi e recebi de vossas mãos a cruz; levá-la-ei, levá-la-ei até a morte como a impusestes a mim.

Em verdade, é cruz a vida de um religioso, mas cruz que leva ao paraíso.

Começado está o caminho; já não é permitido voltar atrás nem convém deixá-lo.

6. Eia, irmãos, marchemos juntos; conosco irá Jesus.

Por Jesus abraçamos esta cruz; por Jesus perseveremos nela.

Será nosso auxílio, Ele que é nosso chefe e guia.

Eia, à nossa frente vai o nosso Rei, que combaterá por nós.

Sigamo-lo com coragem; e nada nos aterrorize; prontos estejamos para morrer na guerra como bravos e não empanemos a nossa glória com o labéu de haver fugido da cruz.

Capítulo LVII

De que o homem não deve desanimar quando cai em alguma falta

1. JESUS CRISTO. Filho, mais me agradam a paciência e a humildade nos reveses, do que muita alegria e devoção na prosperidade.

Por que te contrista tão pequena coisa que disseram contra ti? Ainda que fora maior, não deveras abalar-te.

Deixa andar, não é novidade; não é a primeira que te acontece e, se muito viveres, não será a última.

És muito valente enquanto nada te contraria.

Aconselhas bem e sabes confortar os outros com tuas palavras; mas quando à tua porta bate, inesperada, a tribulação, falece-te o conselho e o valor.

Considera a grande fragilidade, que experimentas, a cada passo, em coisas pequeninas; estas, porém, e outras semelhantes só acontecem para a tua salvação.

2. Afasta do coração, quando te for possível, estas fraquezas e, se te atingirem, não te deixes abater ou embaraçar por muito tempo.

Sofre, ao menos com paciência, se o não podes com alegria.

Quando ouves coisas que te não agradam e te sentes indignado, modera-te e não permitas que saia de teus lábios palavra menos ordenada que escandalize os fracos.

Bem depressa serenará o ânimo excitado e, com a volta da graça, será suavizada a amargura interior.

Tão certo como eu vivo, diz o Senhor (Jr 22,24), pronto para socorrer-te e consolar-te mais que nunca, se em Mim puseres a tua confiança e me invocares com fervor.

3. Ânimo! E prepara-te para maiores sofrimentos! Nem está perdido, porque te sentes muitas vezes aflito e tentado violência.

És homem e não Deus; carne e não anjo.

Como poderias permanecer sempre no mesmo grau de virtude, quando esta perseverança faltou ao anjo no céu e ao primeiro homem no paraíso.

Sou Eu que consolo e salvo os aflitos, e elevo até à minha divindade os que reconhecem a sua fraqueza.

4. ALMA FIEL. Senhor, bendita seja a vossa palavra, mais doce para a minha boca *que o mel, que o puro mel dos favos* (Sl 18,11).

Que faria eu no meio de tantas tribulações e angústias, se me não confortásseis com as vossas santas palavras?

Contanto que chegue afinal ao porto da salvação, que se me dará do que e do quanto houver sofrido?

Dai-me um bom fim; dai-me um feliz trânsito deste mundo.

Lembrai-Vos de mim, Deus meu, e guiai-me pelo caminho reto para o vosso reino. Assim seja.

CAPÍTULO LVIII

DE QUE SE NÃO DEVE PERSCRUTAR AS COISAS SUBLIMES E OS OCULTOS JUÍZOS DE DEUS

1. JESUS CRISTO. Filho, não discutas sobre assuntos muito elevados nem sobre os juízos ocultos de Deus; porque este é tão desamparado e aquele elevado a tão grande graça; um oprimido, outro tão exaltado.

Excedem estas coisas à inteligência humana; e nenhuma razão ou discurso é capaz de penetrar os juízos de Deus.

Quando, pois, te sugerir o inimigo semelhantes pensamentos ou te apertarem os homens com perguntas curiosas, responde-lhes com o Profeta: *Justo sois, Senhor, e retos os vossos juízos* (Sl 118,137); ou ainda: *os juízos do Senhor são verdadeiros, todos igualmente justos* (Sl 18,10).

Meus juízos hão de ser temidos, não discutidos, porque ao entendimento humano são incompreensíveis.

2. Tampouco te ponhas a disputar sobre os merecimentos dos Santos, e a indagar se este é mais santo do que aquele ou qual é maior no reino dos céus.

Estas indagações geram muitas vezes discórdias ou contendas inúteis e também alimentam o orgulho e a vã glória, de que nascem invejas e discussões, porque este pretende soberbamente preferir um Santo, aquele, outro.

Querer saber e investigar semelhantes coisas, longe de produzir algum fruto, desagrada aos Santos; *porquanto Deus não é Deus de confusão, mas de paz* (1Cor 14,33) e a paz consiste mais na verdadeira humildade do que na própria exaltação.

3. Alguns, por zelo de amor, se afeiçoam mais vivamente a um Santo do que a outro, mas é preferência que vem antes dos homens do que de Deus.

Sou eu o Criador de todos os Santos; Eu dei-lhes a graça e distribuí-lhes a glória.

Sei os merecimentos de cada um; e preveni-os com as bênçãos de minha doçura (Sl 20,4).

Conheci-os e amei-os antes de todos os séculos; eu os do mundo e não eles a Mim.

Chamei-os por mera graça; na minha misericórdia atraí-os a Mim e, por meio de mil tentações, levei-os a salvamento.

Enchi-os de consolações inefáveis; dei-lhes perseverança e coroei-lhes a paciência.

4. Conheço o primeiro e o último; e a todos amo com inestimável amor.

Eu devo ser louvado em todos os Santos; bendito em todas as coisas e honrado em cada um dos que exaltei a tanta glória e predestinei sem nenhum merecimento prévio da parte deles.

Aquele, pois, que desprezar o menor dos meus Santos não honra o maior; porque o pequeno e o grande, eu os fiz.

E o que diminui a glória de algum dos Santos, diminui a minha e a de todos os mais que estão no reino dos céus.

São todos um, pelo vínculo da caridade; têm o mesmo sentimento e a mesma vontade, amam-se todos com o mesmo amor.

5. E, o que é ainda mais sublime, amam-me a Mim mais que a si e aos próprios merecimentos.

Arrebatados acima de si mesmos e arrancados ao próprio amor, perdem-se inteiramente no meu e nele gozam um repouso perfeito.

Nada há que os possa desviar ou deprimir; cheios de eterna verdade ardem no fogo da caridade inextinguível.

Calem-se, pois, e não discutam acerca do estado dos Santos os homens carnais e sensuais que não sabem amar senão os próprios prazeres. Tiram e acrescentam, conforme a sua inclinação, sem cuidar no que apraz à eterna Verdade.

6. Em muitos é isso ignorância, principalmente naqueles que, pouco esclarecidos, raras vezes são capazes de amar alguém com amor perfeito e puramente espiritual.

Um afeto que tem ainda muito de natural e uma amizade toda humana leva-os a preferir este ou aquele Santo e imaginam depois as coisas do céu como as da terra.

Há, porém, uma distância incomensurável entre o que pensam os imperfeitos e o que descortinam os esclarecidos pela luz do alto.

7. Evita, pois, filho, discorrer curiosamente sobre o que excede a tua capacidade; antes trabalha com ardor e esforça-te por alcançar um lugar, ainda que ínfimo, no reino dos céus.

E mesmo se alguém viesse a saber quem é mais santo ou maior no reino dos céus, de que lhe aproveitaria este conhecimento, se dele não tirasse motivo para humilhar-se em minha presença e prestar ao meu nome maiores louvores?

Muito mais agradável a Deus é aquele que pensa na gravidade de seus pecados e na insuficiência de suas virtudes e na distância que o separa da perfeição dos Santos, do que o que se põe a disputar sobre a superioridade ou inferioridade de sua glória.

Melhor é invocar os Santos com preces e lágrimas devotas e implorar-lhes humildemente o patrocínio glorioso do que perscrutar os seus segredos com vã curiosidade.

8. Bem ditosos e satisfeitos estão eles; assim soubessem também os homens contentar-se e reprimir seus vãos discursos.

Não se gloriam dos próprios merecimentos, porque nenhum bem atribuem a si, mas tudo a Mim referem, que tudo lhes dei por minha infinita caridade.

Tão cheios estão do amor à Divindade e exultam de alegria tão superabundante, que nada falta à sua glória como nada pode faltar à sua felicidade.

Quanto mais se alteiam os santos em glória, tanto mais se humilham em si mesmos e tanto mais a Mim chegam e de Mim são queridos.

Por isto está escrito que depunham suas coroas diante do Cordeiro e adoravam Aquele que vive no século dos séculos (Ap 4,10; 5,14).

9. Muitos perguntam quem é o primeiro do reino de Deus e não sabem se serão dignos de ser contados entre os últimos.

Grande coisa é ser o menor no reino dos céus, onde todos são grandes porque todos serão chamados filhos de Deus e o serão na realidade.

O menor dos escolhidos será como o chefe de um povo numeroso, ao passo que o pecador, mesmo após longa vida, só achará a morte (Is 60,22; 65,20).

Quando perguntaram os meus discípulos quem era o maior no reino dos céus, ouviram esta resposta: *em verdade vos declaro: se não vos transformades e vos tornardes como criancinhas, não entrareis no Reino dos Céus. Aquele que se fizer humilde como esta criança será maior no Reino dos Céus* (Mt 18,3-4).

10. Ai dos que se dedignam de humilhar-se espontaneamente com os pequeninos; baixa é a porta do reino dos céus e não lhes dará entrada.

Ai também dos ricos que têm aqui as suas consolações; quando no reino de Deus entrarem os pobres, eles ficarão fora pranteando.

Alegrai-vos, humildes; exultai, pobres, porque *vosso é o Reino de Deus* (Lc 6,20), se, já se vê, trilhardes o caminho da verdade.

CAPÍTULO LIX

DE QUE SÓ EM DEUS SE DEVE PÔR TODA A ESPERANÇA E CONFIANÇA

1. ALMA FIEL. Senhor, qual é a minha confiança nesta vida? Qual a minha maior consolação de tudo o que aos meus olhos se me oferece debaixo dos céus?

Porventura não sois Vós, Senhor meu Deus, cuja misericórdia é infinita?

Onde estive bem sem Vós? Ou, convosco, onde pude estar mal?

Antes quero ser pobre por vosso amor, que ficar sem Vós.

Prefiro peregrinar na terra convosco a, sem Vós, possuir o céu.

Onde estais Vós, aí está o céu; aí, a morte e o inferno, onde Vós não estais.

Só a Vós desejo e, por isso, forçoso me é seguir-Vos, gemendo, clamando e orando.

Enfim, em ninguém posso confiar plenamente, para receber nas necessidades o auxílio oportuno, senão em Vós só, meu Deus!

Vós sois a minha esperança; Vós, a minha confiança; Vós, meu consolador e amigo fidelíssimo em todas as ocasiões.

2. Todos buscam o seu interesse (Fl 2,21); Vós só tendes em vista a minha salvação e o meu aproveitamento, tudo dispondo para o meu bem.

Ainda quando me expondes a muitas tentações e adversidades, é sempre para o meu proveito, porque de mil maneiras costumais provar os vossos amigos.

E não Vos devo amar e louvar menos nestas provações do que se me enchêsseis a alma de consolações celestiais.

3. Em Vós, pois, Senhor meu Deus, ponho toda a minha esperança e refúgio; em vossas mãos entrego todas as minhas tribulações e angústias; porque, fora de Vós, só vejo fraqueza e instabilidade.

De nada me aproveitará o grande número de amigos, nem me poderão ajudar os que vierem em meu socorro, por mais poderosos que sejam; não serão capazes de me dar um bom conselho os mais prudentes nem de me consolar os livros dos mais sábios; nenhum tesouro por mais precioso poderá resgatar-me, nem lugar algum, por mais oculto e agradável, oferecer-me asilo seguro, se Vós mesmo vos não dignardes assistir-me, ajudar-me, fortalecer-me e consolar-me, instruir-me e guardar-me.

4. Tudo o que parece levar-nos à paz e à felicidade nada vale sem Vós e não pode fazer-nos verdadeiramente felizes.

Vós sois, portanto, a coroa de todos os bens, a plenitude da vida, o abismo da sabedoria; esperar em Vós, acima de tudo, é a mais segura consolação de vossos servos.

Para Vós erguem-se os meus olhos; em Vós confio, meu Deus, Pai das misericórdias.

Santificai a minha alma, abençoai-a com bênção do céu, para que se torne vossa morada santa, trono de vossa glória eterna e nela, como em templo de vossa grandeza, nada se encontre que ofenda o olhar de vossa majestade.

Olhai para mim, Senhor, em vossa imensa bondade e segundo a multidão de vossas misericórdias; ouvi a oração deste pobre servo vosso, desterrado longe de Vós, na região sombria da morte.

Protegei e conservai a alma do vosso pequenino servo, no meio dos perigos desta vida corruptível. Acompanhe-me a vossa graça e, pelo caminho da paz, me guie à pátria da perpétua claridade. Assim seja.

LIVRO IV

DO SACRAMENTO DA EUCARISTIA: EXORTAÇÃO DEVOTA À SAGRADA COMUNHÃO

JESUS CRISTO. *Vinde a mim, vós todos que estais aflitos sob o fardo, e eu vos aliviarei* (Mt 11,28).

O pão, *que eu hei de dar, é a minha carne para a salvação do mundo* (Jo 6,51).

Tomai e comei, isto é o meu corpo (Mt 26,26).

Aquele que comer a minha carne viverá por mim (Jo 6,57).

As palavras que vos tenho dito são espírito e vida (Jo 6,63).

CAPÍTULO I

COM QUANTA REVERÊNCIA SE DEVE RECEBER CRISTO, SENHOR NOSSO

1. ALMA FIEL. Vossas são estas palavras, Jesus, Verdade eterna! Ainda que não proferidas na mesma ocasião, nem escritas no mesmo lugar.

E porque são vossas e verdadeiras devo recebê-las todas com gratidão e fé.

Vossas são e por Vós foram pronunciadas; minhas são também porque para a minha salvação as dissestes.

De vossos lábios recebo-as com alegria para que mais profundamente se me gravem no coração.

Animam-me palavras de tanta bondade, tão cheias de doçura e amor; aterrorizam-me, porém, os pecados próprios, e de tão altos mistérios me retrai a consciência impura.

Atrai-me a doçura de vossas palavras, mas retém-me a multidão de meus delitos.

2. Ordenais que a Vós me chegue confiadamente, se quero ter parte convosco; e que me alimente como pão da imortalidade, se desejo a vida e a glória eterna.

Vinde a mim, vós todos que estais aflitos sob o fardo, e eu vos aliviarei (Mt 11,28).

Oh! Doces e amorosas palavras aos ouvidos do pecador! Vós, Senhor meu Deus, convidais o pobre e mendigo à comunhão do vosso santíssimo corpo.

Mas quem sou eu, Senhor, para ousar chegar-me a Vós!

Não vos podem conter os céus dos céus (1Rs 8,27) e Vós dizeis *vinde a mim* todos!

3. Que quer dizer tão misericordiosa condescendência e por que me convidais com tanto amor?

Como ousarei acercar-me de Vós, eu que não sinto em mim nenhum bem que possa dar-me alguma confiança?

Como vos introduzirei em minha casa, eu que tantas vezes pequei ante a vossa face amorável?

Adoram-Vos com reverência os anjos e arcanjos; tremem diante de Vós os santos e os justos e dizeis: *vinde a mim*, todos?

Se Vós, Senhor, não o dissésseis, quem acreditaria? E quem teria audácia de se aproximar, se Vós o não ordenásseis.

4. Noé, varão justo, trabalhou cem anos na construção da arca em que se havia de salvar com poucas pessoas; e como poderei eu, em uma hora, preparar-me para receber com reverência o Criador do mundo?

Moisés, vosso grande servo e particular amigo, fez uma arca de madeira incorruptível e guarneceu-a de ouro puríssimo para nela depositar as tábuas da lei; e eu, criatura corrompida, atrever-me-ei a receber-Vos com tanta facilidade, a Vós, autor da Lei e dispensador da Vida!

Salomão, o mais sábio dos reis de Israel, levou sete anos a levantar um templo magnífico à glória do vosso nome; durante oito dias celebrou a festa de sua dedicação; ofereceu mil hóstias pacíficas; e ao som das trombetas e entre aclamações de alegria colocou solenemente a Arca da Aliança no lugar que lhe havia sido preparado.

E, infeliz de mim! Como irei eu, o mais miserável dos homens, introduzir-Vos em minha casa, quando mal chego a empregar devotamente meia hora? E prouvera a Deus que ao menos uma vez houvera empregado dignamente quinze minutos!

5. Oh! Meu Deus! Quanto fizeram para agradar-Vos estes servos vossos! E eu, oh! tristeza! Quão pouco é o que faço! Quão curto é o tempo que consagro a preparar-me para a comunhão!

Raras vezes bem recolhido; raríssimas, livre de toda a distração.

Certamente, na vossa salutar e divina presença, nenhum pensamento profano deveria ocorrer-me ao espírito, nenhuma criatura, ocupá-lo; porque não vou hospedar a um anjo, mas ao Senhor dos Anjos.

6. E, no entanto, que distância imensa entre a Arca da Aliança com as suas relíquias, e o vosso puríssimo corpo cem suas inefáveis virtudes; entre aqueles sacrifícios da lei antiga que prefiguravam os futuros e a verdadeira hóstia de vosso corpo, complemento de todos os sacrifícios antigos!

7. Por que razão, pois, me não abraso mais em vossa adorável presença?

Por que me não preparo com maior cuidado para participar de vossos santos mistérios quando, antigamente, aqueles santos patriarcas e profetas, reis e príncipes, com todo o povo, deram tantas provas de zelo e devoção pelo culto divino?

8. Diante da Arca de Deus dançou, cheio de entusiasmo, o piedosíssimo rei Davi, em memória dos benefícios outrora recebidos pelos seus pais; mandou fabricar diversos instrumentos de música; compôs salmos e ordenou se cantassem com alegria; inspirado pela graça do Espírito Santo ele próprio os cantava ao som da harpa; ensinou os filhos de Israel a louvar a Deus de todo o coração e a unir todos os dias as suas vozes para bendizê-lo e glorificá-lo.

Se outrora a presença da Arca do Testamento inspirava tanta devoção e despertava a lembrança de louvar a Deus, que respeito e que fervor não deve inspirar a mim e a todo o povo cristão a presença de Jesus no Sacramento e a recepção do seu corpo adorável?

9. Correm muitos a diversos lugares para visitar as relíquias dos Santos, admiram-se ao ouvir a narração de seus feitos, contemplam os magníficos templos erigidos em sua honra e beijam seus ossos sagrados envolvidos em ouro e seda.

E eis que Vós, meu Deus, estais aqui presente, diante de mim, no altar, Vós o Santo dos Santos, o Criador dos homens e Senhor dos Anjos.

Muitas vezes é a curiosidade e o desejo de ver coisas novas que levam os homens a empreender semelhantes romarias; e por isto, tiram muito pouco fruto de emenda dos costumes, principalmente quando se fazem estas excursões com leviandade e sem verdadeira contrição.

Aqui, porém, no Sacramento do altar, Vós estais presente todo inteiro, meu Jesus, verdadeiro Deus e verdadeiro homem; todas as vezes que Vos recebemos digna e devotamente, colhemos em abundância os frutos de salvação eterna.

A estes mistérios não nos atrai a leviandade, nem a curiosidade ou a sensualidade; mas a fé robusta, a esperança devota e a caridade sincera.

10. Oh! Meu Deus, invisível Criador do mundo, como sois admirável no que fazeis por nós! com que bondade e ternura tratais os vossos eleitos, dando-Vos a Vós mesmo no Sacramento!

Eis o que transcende a nossa inteligência, eis o que, de modo especial, cativa os corações piedosos e os inflama de amor.

Porque os verdadeiros fiéis, que toda a vida trabalham por se corrigir, recebem muitas vezes neste augusto sacramento a grande graça da devoção e do zelo pela virtude.

11. Oh! Graça admirável e oculta do Sacramento! Só vos conhecem os servos fiéis de Jesus Cristo; não vos podem experimentar os infiéis e escravos do pecado!

Este sacramento confere graça espiritual; restitui à alma a força perdida e a beleza desfigurada pelo pecado.

Tal é, por vezes, o poder desta graça e a plenitude da devoção por ela inspirada, que não só a alma senão ainda o corpo débil sente acrescer--lhe o vigor.

12. E, entretanto, muito para deplorar e sentir amargamente a tibieza e a negligência que enfraquecem em nós o desejo de receber a Jesus, única esperança dos eleitos e seu único mérito.

Ele é que nos santifica e nos resgata; Ele, a consolação dos viadores e o gozo eterno dos Santos.

Quanto não é, pois, de lastimar o descaso de muitos para com este salutar mistério, alegria dos céus e salvação do mundo!

Oh! Cegueira e dureza do coração humano, que não aprecia dom tão inefável, e chega até, pelo uso cotidiano que dele faz, a cair na indiferença!

13. Se este Santíssimo Sacramento se celebrasse em um só lugar e fosse consagrado por um só sacerdote no mundo inteiro, com quanto fervor não acorreriam os homens a esse lugar para ver esse sacerdote celebrar os divinos mistérios?

Agora, porém, são muitos os sacerdotes e em muitos lugares se oferece Cristo para que tanto mais resplandeça a graça e o amor de Deus aos homens, quanto mais espalhada é pelo mundo a sagrada comunhão.

Graças a Vós, Jesus bom e Pastor eterno, que, na nossa pobreza e no nosso exílio, Vos dignastes alimentar-nos com vosso precioso Corpo e Sangue e a convidar-nos, por palavras saídas de vossos lábios, a participar destes mistérios, dizendo: *vinde a mim, vós todosque estais aflitos sob o fardo, e eu vos aliviarei* (Mt 11,28).

CAPÍTULO II

COMO NESTE SACRAMENTO SE MANIFESTA AO HOMEM A GRANDE BONDADE E O AMOR DE DEUS

1. ALMA FIEL. Senhor, cheio de confiança em vossa bondade e grande misericórdia, me chego, enfermo, ao Salvador; faminto e sedento à Fonte da vida; pobre, ao Rei do Céu; servo, ao Senhor; criatura ao Criador; desamparado, ao meu piedoso Consolador.

Mas por onde mereci a graça de virdes a mim?

Como se atreve o pecador a comparecer em vossa presença? E Vós, como Vos dignais descer ao pecador?

Conheceis o vosso servo e bem sabeis que nele não há bem algum que lhe mereça esta graça.

Confesso, pois, a minha baixeza; reconheço a vossa bondade; louvo a vossa misericórdia e graças Vos dou por vossa excessiva caridade.

Por Vós mesmo e não por merecimentos meus assim fazeis, para que eu melhor conheça a vossa bondade, mais me abrase no vosso amor e com mais perfeição se encareça a humildade.

E já que assim Vos apraz e assim o ordenastes, recebo com alegria a graça que vos dignais fazer-me; oxalá não lhe ponha obstáculo a minha maldade!

2. Oh! Dulcíssimo e benigníssimo Jesus, que respeito, que gratidão, que louvores perpétuos Vos devemos pela recepção de vosso sagrado corpo, cuja dignidade nenhuma linguagem humana é capaz de explicar!

Mas que pensarei ao recebê-lo, ao aproximar-me do meu Senhor, a quem não posso reverenciar como devo, mas desejo receber com piedade?

Que pensamento melhor e mais salutar que o de humilhar-me totalmente na vossa presença e exaltar vossa infinita bondade para comigo?

Eu vos louvo, meu Deus, e Vos exalto eternamente. Eu me desprezo e me submeto a Vós no abismo da minha baixeza.

3. Vós, o Santo dos Santos, eu, a escória dos pecadores. E Vós Vos inclinais para mim, que não sou digno de erguer os olhos para Vós!

E Vós vindes a mim, quereis estar comigo, convidais-me ao vosso banquete.

Quereis dar-me a comer um manjar celeste, o pão dos anjos, que outro não é senão Vós mesmo, pão vivo que descestes do céu e dais vida ao mundo.

Como se mostra o vosso amor! Como resplandece a vossa misericórdia! Que ações de graça e louvores Vos são devidos por esses benefícios!

Oh! Que salutar e útil desígnio o vosso, ao instituirdes este sacramento! O suave e delicioso convívio em que a Vós mesmo nos destes por alimento!

Oh! Quão admiráveis, Senhor, são as vossas obras! Quão grande o vosso poder! Quão inefável a vossa verdade!

Dissestes e tudo foi feito; e só foi feito o que ordenastes.

Oh! Coisa maravilhosa, digna de fé e acima de toda a inteligência humana: Vós, Senhor meu Deus, verdadeiro Deus e verdadeiro homem, estais todo inteiro sob as humildes espécies do pão e do vinho e, sem serdes consumido, servis de alimento a quem vos recebe.

Soberano Senhor do universo, que de ninguém tendes necessidade, quisestes, por vosso Sacramento, habitar entre nós, conservar imaculados meu coração e meu corpo, para que possa amiúde celebrar os vossos mistérios com a alegria de uma consciência pura e receber, para a minha eterna salvação, o que instituístes principalmente para a vossa glória e perene lembrança!

4. Alegra-te, minha alma, e dá graças a Deus por dom tão excelente e por tão singular consolação que, neste vale de lágrimas, te deixou.

Quantas vezes celebras este mistério e recebes o corpo do Senhor, outras tantas renovas a obra da tua redenção e participas de todos os merecimentos de Jesus Cristo. Nunca diminui a caridade de Cristo nem se esgota a sua infinita propiciação.

Por isso, prepara-te sempre para este ato com renovado fervor e medita atentamente o grande mistério da salvação.

Quando celebras o divino Sacrifício ou a ele assistes, deve parecer-te tão sublime, tão novo, tão agradável como se, então, pela primeira vez, Jesus, descendo ao seio da Virgem, se fizera homem, ou, pendente da Cruz, sofrera e morrera pela salvação dos homens.

CAPÍTULO III

DE COMO É ÚTIL A COMUNHÃO FREQUENTE

1. ALMA FIEL. Venho a Vós, Senhor, para aproveitar o vosso dom e alegrar-me no sagrado banquete, que na vossa ternura, meu Deus, preparastes para o pobre (Sl 67,11).

Em Vós se acha tudo quanto posso, tudo quanto devo desejar; sois a minha salvação e redenção; esperança e fortaleza, honra e glória.

Alegrai, pois, hoje a alma de vosso servo, porque para Vós, Senhor Jesus, *eu elevo minha alma* (Sl 85,4).

Desejo receber-Vos nesta hora com respeito e devoção; suspiro por introduzir-Vos em minha casa para que mereça, como Zaqueu, ser por Vós abençoado e contado entre os filhos de Abraão.

Minha alma deseja receber o vosso Corpo; meu coração anela por unir-se a Vós.

2. Dai-Vos a mim, e isto me basta; porque fora de Vós nada me consola.

Não posso estar sem Vós, e se não vindes a mim não posso viver.

Por isso, é-me necessário chegar-me a Vós frequentemente e receber-Vos como o remédio de minha salvação para que, privado deste alimento celeste, não venha a desfalecer no caminho.

Assim, misericordiosíssimo Jesus, pregando uma vez ao povo e curando-lhe toda a sorte de enfermidades, dissestes: *não quero que despedi-lo em jejum, para que não desfaleça no caminho* (Mt 15,32).

Fazei assim, comigo, Vós que, para consolação dos fiéis, vos deixastes ficar no Sacramento.

Sois a suave refeição da alma; quem Vos recebe dignamente será participante e herdeiro da glória eterna.

Eu, que tantas vezes caio e peco, que tão depressa arrefeço e desanimo, necessito, verdadeiramente, renovar-me, purificar-me e afervorar-me, com orações e confissões frequentes e com a recepção do vosso Sagrado

Corpo, não seja que, abstendo-me por muito tempo, venha a esfriar nas minhas santas resoluções.

3. Com efeito, desde a infância para o mal o inclinam todas as propensões do homem, e se o não socorrer o divino remédio bem depressa cairá nos piores excessos.

A sagrada comunhão aparta do mal e confirma no bem.

E se sou tantas vezes negligente e tíbio, agora que comungo e celebro o santo sacrifício, que seria se renunciasse ao remédio e não procurasse tão poderoso socorro?

Assim, ainda que nem todos os dias esteja preparado e bem disposto para celebrar, terei cuidado de aproximar-me, a seus tempos, dos divinos mistérios e participar de graça tão grande.

A principal consolação da alma fiel, enquanto peregrina longe de Vós em corpo mortal, é lembrar-se frequentemente do seu Deus e receber o seu Amado com coração devoto.

4. Oh! Admirável condescendência de vossa bondade para conosco! Vós, Senhor Deus, que dais o ser e a vida a todos os espíritos, Vos dignais baixar a uma pobre alma e saciar-lhe a fome com toda a vossa divindade e humanidade.

Feliz, mil vezes feliz, a alma que pode receber-Vos dignamente a Vós, seu Senhor e seu Deus, e sentir-se inundada da alegria espiritual da vossa presença.

Como é grande o Senhor que recebe! Como é amável o hóspede que acolhe! Como é agradável o companheiro e fiel o amigo que lhe entra em casa! Quão formoso e nobre o esposo que abraça! Digno de ser amado acima de tudo quanto se pode amar e desejar.

Emudeçam em vossa presença, Ó Amado meu dulcíssimo, o céu e a terra com todos os seus ornatos; tudo o que possuem de belo e admirável, de vossa liberalidade o receberam, e nunca poderão chegar à beleza soberana de vosso Nome, pois *sua sabedoria não tem limites* (Sl 146,5).

CAPÍTULO IV

DOS GRANDES BENS QUE RECEBEM OS QUE COMUNGAM DEVOTAMENTE

1. ALMA FIEL. Senhor meu Deus, *preveni o vosso servo com as bênçãos de vossa doçura* (Sl 20,4) para que digna e devotamente me possa chegar ao vosso augusto Sacramento.

Atrai meu coração a Vós e tirai-me do profundo torpor em que me vejo. Visitai-me com a vossa graça salutar, para que saboreie em espírito a vossa suavidade, oculta em sua plenitude, neste sacramento, como em sua fonte.

Iluminai também os meus olhos para contemplar tão grande mistério, fortalecei a minha fé para crê-lo sem hesitações.

É obra vossa, não do poder humano; sagrada instituição vossa, não invenção dos homens.

Por si mesmo ninguém há capaz de alcançar e entender estas maravilhas que transcendem a sutileza dos próprios anjos.

Como poderei eu, indigno pecador, eu, pó e cinza, investigar e compreender tão alto e santo mistério?

2. Senhor, na simplicidade de meu coração com fé sincera e firme, e obediente ao vosso mandado, a Vós me chego, cheio de confiança e de respeito; creio verdadeiramente que estais aqui presente, neste Sacramento, como Deus e como homem.

Quereis que vos receba e a Vós me una pela caridade.

Imploro, por isso, a vossa clemência e, neste momento, peço-Vos uma graça especial para que, abrasado de amor, me desfaça e derreta todo em Vós e não mais me preocupe de nenhuma outra consolação.

Na verdade, é este altíssimo e digníssimo Sacramento salvação da alma e do corpo, remédio para toda enfermidade espiritual. Cura os vícios, refreia as paixões, vence ou atenua as tentações, aumenta a graça, corrobora a virtude nascente, confirma a fé, robustece a esperança, inflama e dilata o amor.

3. Quantos bens não tendes dispensado e ainda não dispensais continuamente neste Sacramento aos vossos amigos que com fervor vos recebem, ó meu Deus, amparo de minha alma, reparador da fraqueza humana e fonte de toda a consolação interior!

Vós os confortais largamente nas suas várias tribulações; das profundezas do seu abatimento elevai-os com a esperança de vossa proteção; reanimai-os interiormente e os iluminais com uma graça nova; assim, os que antes da comunhão se sentiam inquietos e tíbios, depois de alimentados por esta vianda e esta bebida celeste, se acham mudados para melhor.

E desta maneira procedeis com os vossos escolhidos para que reconheçam com clareza e experimentem com evidência a grande fraqueza que lhes é própria e o quanto recebem de vossa bondade e de vossa graça. Por si mesmos, frios, duros e insensíveis, tornam-se, por vossa graça, fervorosos, alegres e devotos.

Quem, na verdade, poderá aproximar-se humildemente da fonte de suavidade sem dela voltar com um pouco de doçura? Ou quem, estando perto de um grande fogo, não receberá algum calor?

E sois Vós a fonte sempre cheia e superabundante, o fogo que arde sempre e nunca se apaga.

4. Se me não é dado haurir da plenitude desta fonte e beber até saciar-me, chegarei, contudo, os meus lábios à mina celeste para beber ao menos alguma gotinha que me refrigere a sede e não morra de secura.

E se ainda não posso ser todo celeste e tão abrasado como os querubins e serafins, esforçar-me-ei todavia por perseverar na piedade e preparar o meu coração, a fim de que, recebendo com humildade este sacramento de vida, sinta ao menos alguma faísca do divino incêndio.

Quanto ao que me falta, bom Jesus e Salvador Santíssimo, supri-o com a vossa bondade e a vossa graça, já que vos dignastes chamar-nos todos a Vós, dizendo: *vinde a mim, vós todos que estais aflitos sob o fardo, e eu vos aliviarei* (Mt 11,28)

5. Trabalho com o suor de meu rosto; a dor angustia-me o coração; acabrunha-me o peso dos meus pecados; agitam-me as tentações;

envolvem-me e oprimem-me tantas paixões ruins; e não tenho quem me socorra, quem me livre e salve, senão Vós, Senhor meu Deus e meu Salvador, a quem me entrego com tudo o que é meu para que me guardeis e leveis à vida eterna.

Recebei-me para louvor e glória de vosso nome, Vós que preparastes o vosso corpo para alimento e o vosso sangue para bebida de minha alma.

Concedei-me, Senhor meu Deus e meu Salvador, que, com a frequência deste divino mistério, cresça em mim o fervor da devoção (Oração da Igreja).

CAPÍTULO V

DA DIGNIDADE DO SACRAMENTO E DO ESTADO SACERDOTAL

1. JESUS CRISTO. Ainda que tivesses a pureza dos anjos e a santidade de S. João Batista, não serias digno de receber nem de administrar este Sacramento.

Não são os merecimentos do homem que lhe dão o direito de consagrar e tocar o Sacramento de CRISTO e alimentar-se com o pão dos anjos.

Grande mistério e sublime dignidade dos sacerdotes, aos quais é dado o que aos anjos não foi concedido.

Só os sacerdotes validamente ordenados pela Igreja têm o poder de celebrar e consagrar o corpo de Cristo.

O sacerdote é verdadeiramente ministro de Deus; serve-se das suas palavras por ordem e instituição divina. Deus, porém, a cuja vontade tudo está sujeito e a cujas ordens tudo obedece, é aqui o ator principal que opera invisivelmente.

2. Por isso, neste augusto sacramento, deves crer mais na onipotência de Deus do que nos teus sentidos ou em qualquer aparência visível, e aproximar-te deste mistério com temor e respeito.

Atende ao que és e considera o mistério que te foi confiado pela imposição de mãos do bispo.

Foste ordenado sacerdote e consagrado para poder celebrar; procura agora, a seu tempo, oferecer a Deus o sacrifício, com fidelidade e fervor, e levar vida irrepreensível.

Não tornaste mais leve o teu fardo, antes te ligaste com vínculo mais estreito de disciplina e te obrigaste a maior perfeição de santidade.

O sacerdote deve ser ornado de todas as virtudes e dar aos outros o exemplo de uma vida pura.

Não devem assemelhar-se os seus costumes aos dos homens vulgares e comuns, senão aos dos anjos ou dos varões perfeitos na terra.

3. O sacerdote revestido das vestes sagradas faz as vezes de Cristo, a fim de suplicar humildemente a Deus por si e por todo o povo.

Traz na frente e nas costas, estampada, a cruz do Senhor para contínua lembrança da Paixão de Cristo.

Na frente traz a cruz da casula para considerar com diligência as pisadas de Cristo e animar-se a seguí-las com fervor.

Nas costas traz o sinal da cruz para que, por amor de Deus, tolere com paciência todos os males que lhe fizerem os homens.

Leva a cruz adiante para chorar os próprios pecados; atrás, para que deplore também, por compaixão, os alheios, e lembrando-se que foi constituído medianeiro entre Deus e o pecador, não arrefeça em oferecer orações e sacrifícios até que alcance graça e misericórdia.

O sacerdote, quando celebra, honra a Deus, alegra os anjos, edifica a Igreja, auxilia os vivos, sufraga os mortos e torna-se participante de todos os bens.

CAPÍTULO VI

SOBRE A PREPARAÇÃO PARA A COMUNHÃO

1. ALMA FIEL. Senhor, quando considero a vossa dignidade e a minha baixeza, sinto-me tomado de pavor e confusão.

Se a Vós me não chego, fujo da vida; se me chego indignamente, incorro em ofensa.

Que farei, pois, meu Deus, que sois meu Protetor e Conselho em todas as necessidades?

2. Mostrai-me o caminho reto, ensinai-me um breve exercício para dispor-me convenientemente à sagrada comunhão.

É importante saber com que reverência e fervor devo preparar o meu coração para receber com fruto o vosso Sacramento ou celebrar tão sublime e divino sacrifício.

CAPÍTULO VII

DO EXAME DE CONSCIÊNCIA E DO PROPÓSITO DE EMENDA

1. JESUS CRISTO. Acima de tudo deve o sacerdote de Deus dispor-se para celebrar, administrar e receber este sacramento com profunda humildade de coração e súplice reverência, com fé plena e piedosa intenção de honrar a Deus.

Examina com cuidado a tua consciência e, na medida de tuas forças, purifica-a com uma contrição verdadeira e confissão humilde, de maneira que nada tenhas ou conheças de grave que te cause remorso e impeça de chegar-te livremente a Mim.

Detesta, em geral, todos os teus pecados, lamenta e deplora, mais em particular, os que cometes cada dia.

E, se o permitir o tempo, confessa a Deus, no íntimo do teu coração, todas as misérias de tuas paixões.

2. Geme e chora por seres ainda tão carnal e mundano, tão imortificado em tuas paixões, tão agitado por movimentos de concupiscência;

Tão negligente na guarda dos sentidos externos, tantas vezes envolvido em vãs imaginações;

Tão inclinado às coisas exteriores e tão descuidado nas interiores;

Tão dado ao risco e às diversões, tão duro às lágrimas e à compunção;

Tão pronto ao relaxamento e à moleza, tão indolente para a austeridade e o fervor;

Tão curioso de ouvir novidades e ver coisas bonitas; tão remisso em abraçar humilhações e opróbrios;

Tão cobiçoso de possuir muito, tão parco em dar, e tenaz em reter;

Tão inconsiderado nas palavras, tão insofrido no silêncio;

Tão intemperante no comer, tão surdo à palavra de Deus;

Tão pronto para o descanso, tão preguiçoso para o trabalho;

Tão esperto para as conversas frívolas, tão sonolento nas vigílias sagradas;

Tão impaciente de lhes ver o fim, tão distraído em lhes prestar atenção;

Tão negligente na recitação do ofício, tão tíbio na celebração da missa, tão seco na comunhão;

Tão depressa distraído, tão raras vezes plenamente recolhido;

Tão pronto levado à ira, tão fácil em magoar os outros;

Tão precipitado no julgar, tão severo no repreender;

Tão alegre na prosperidade, tão abatido na adversidade;

Tão fecundo em boas resoluções, tão estéril em boas obras.

Confessados e deplorados com arrependimento e grande pesar de tua fraqueza estes e outros defeitos teus, propõe firmemente emendar sempre a tua vida e progredir na virtude.

Em seguida, oferece-te com plena resignação e sem nenhuma reserva, no altar de teu coração, como holocausto perpétuo em honra de meu nome, entregando-me fielmente o teu corpo e a tua alma para assim alcançares a graça de celebrar dignamente o santo sacrifício e receber com fruto o sacramento do meu corpo.

3. Não há certamente oblação mais meritória nem maior satisfação para apagar os pecados do que o oferecimento puro e inteiro de si mesmo a Deus, unido à oblação do Corpo de Cristo, na missa e na comunhão.

Se o homem fizer o que está em suas mãos e estiver deveras arrependido, todas as vezes que de Mim se aproximar, para obter perdão e graça: tão certo como eu vivo, diz o Senhor, *não me comprazo com a morte do pecador, mas antes com a sua conversão, de modo que tenha a vida* (Ez 33,11); não me lembrarei mais de seus pecados e todos lhe serão perdoados.

Capítulo VIII

Da oblação de Cristo na cruz e do dom de si

1. JESUS CRISTO. Assim como Eu, com as mãos estendidas na cruz e o corpo despido, me ofereci livremente a Deus meu Pai, sem nada reservar de Mim e imolando-me todo para reconciliar-te com Deus; assim também todos os dias, no sacrifício da missa, deves voluntariamente oferecer-te a Mim, como hóstia pura e santa, do mais profundo do teu coração e com todas as tuas forças e afetos.

Que outra coisa quero de ti senão que te entregues a Mim sem reserva?

O que, fora de ti, me deres, para Mim não tem valor; não busco os teus dons senão a ti mesmo.

2. Assim como sem Mim não te bastariam todas as coisas, assim nada poderá agradar-me do que sem ti me ofereceres.

Oferece-te a Mim, entrega-te inteiramente por Deus e agradável me será a tua oblação.

Por ti ofereci-me todo a meu Pai; dei-te todo o meu corpo e o meu sangue em alimento para que eu fosse todo teu e tu inteiramente meu.

Se, porém, queres pertencer a ti próprio e não te entregas espontaneamente à minha vontade, não será plena a tua oblação nem perfeita a união entre nós.

Por isso, a todas as tuas obras deve preceder o oferecimento voluntário de ti mesmo nas mãos de Deus, se queres conseguir graça e liberdade.

Poucos são iluminados e livres interiormente, porque poucos sabem de todo renunciar a si mesmos.

É imutável minha sentença: *qualquer um de vós que não renuncia a tudo o que possui não pode ser meu discípulo* (Lc 14,33).

Se queres, pois, ser meu discípulo, oferece-te a Mim com todos os seus afetos.

CAPÍTULO IX

DE COMO DEVEMOS OFERECER-NOS A DEUS COM TUDO O QUE É NOSSO E ORAR POR TODOS

1. ALMA FIEL. Senhor, vosso é tudo quanto há no céu e na terra.

Desejo oferecer-me a Vós, em oblação espontânea e para sempre permanecer vosso.

Na simplicidade de meu coração ofereço-me hoje a Vós, Senhor, como servo perpétuo, em homenagem e sacrifício de louvor perene.

Aceitai-me com a santa oblação de vosso precioso Corpo, que, hoje, na presença dos anjos, que assistem invisivelmente, Vos ofereço para a salvação minha e de todo o povo.

2. Senhor, todos os pecados e delitos que cometi na vossa presença e na de vossos santos anjos, desde o dia em que pela primeira vez puder pecar até este momento, eu vo-los apresento sobre vosso altar de propiciação, para que os abraseis e consumais no fogo de vosso amor e apagueis todas as manchas de meus crimes, e me purifiqueis a consciência de todas as suas faltas e me restituais a graça que perdi pelo pecado, perdoando-me plenamente e admitindo-me, pela vossa misericórdia, ao ósculo da paz.

3. Que posso eu fazer em expiação de meus pecados senão confessá-los e deplorá-los humildemente e implorar continuamente a vossa clemência?

Suplico-vos, meu Deus, ouvi e sede-me propício, aqui, onde estou, na vossa presença.

Detesto deveras todos os meus pecados; nunca mais os quero cometer; deles me arrependo e me arrependerei enquanto viver; disposto estou a fazer penitência e a satisfazer por eles na medida de minhas forças.

Perdoai-me, meu Deus, perdoai-me os meus pecados para glória do vosso santo Nome; salvai a minha alma que remistes com o vosso sangue precioso.

Confio-me à vossa misericórdia, entrego-me em vossas mãos; tratai-me segundo a vossa bondade, não segundo a minha iniquidade e malícia.

4. Ofereço-Vos também, Senhor, todas as minhas boas obras, ainda que poucas e imperfeitas, para que as emendeis e santifiqueis; para que as torneis gratas e agradáveis aos vossos olhos e as melhoreis cada vez mais; e para que a mim, o mais remisso e inútil dos homens, me leveis a um santo e venturoso fim.

5. Ofereço-Vos ainda todos os bons desejos das almas piedosas, as necessidades de meus pais e amigos, irmãos e irmãs, e de todos os que me são caros; dos que a mim ou a outrem fizeram algum bem por amor de Vós; dos que me encomendaram e pediram missas ou orações por si ou pelos seus, vivos e defuntos; para que todos experimentem o socorro

da vossa graça, o auxílio de vossa consolação, a proteção nos perigos, o alívio nas penas, a fim de que, livres de todo o mal, vos deem, com alegria, infinitas graças.

6. Ofereço-Vos, enfim, as preces e sacrifícios de propiciação, principalmente pelos que, de qualquer modo, me lesaram, afligiram, censuraram e ocasionaram qualquer prejuízo ou gravame; por todos aqueles a quem alguma vez contristei, molestei, prejudiquei e escandalizei, por palavras e obras, com advertência ou por ignorância; para que a todos nós perdoeis igualmente nossos pecados e mútuas ofensas.

Tirai, Senhor, de nossos corações, toda a suspeita, indignação, ira, todo espírito de discórdia, tudo o que possa ferir a caridade e diminuir o amor fraterno.

Compadecei-Vos, Senhor, compadecei-Vos dos que imploram a vossa misericórdia; dai a vossa graça aos que dela precisamos; tornai-nos dignos de gozar aqui de vossos dons e de alcançar a vida eterna. Assim seja.

CAPÍTULO X

DE QUE NÃO SE DEVE DEIXAR FACILMENTE A SANTA COMUNHÃO

1. JESUS CRISTO. Deves recorrer com frequência à fonte da graça e da divina misericórdia, à fonte da bondade e de toda a pureza para que possas sarar de tuas paixões e vícios e te tornes mais forte e vigilante contra todas as tentações e ciladas do demônio.

Conhecendo o fruto e o supremo remédio que na sagrada comunhão se encontra, esforça-se o inimigo, quanto pode, por todos meios e em todas as ocasiões, por apartar e desviar dela as almas fiéis e piedosas.

2. Assim é que sofrem alguns as piores investidas do demônio no momento em que dispõem a preparar-se para a santa comunhão.

Este espírito maligno, como está escrito no livro de Jó (1,6), mete-se entre os filhos de Deus para perturbá-los com a costumada perversidade ou inspirar-lhes excessivos temores e escrúpulos, a fim de lhes diminuir o fervor ou abalar a fé e assim conseguir talvez que ou renunciem de todo à comunhão ou a ela se cheguem com tibieza.

Mas não se deve fazer o menor caso de suas astúcias e sugestões por mais torpes e horrendas que sejam; antes atirar-lhe em rosto todas as suas imaginações abomináveis.

Digno de irrisão e desprezo é o espírito miserável; por causa de seus assaltos e perturbações que excita não se deve deixar a sagrada comunhão.

3. Muitas vezes dela nos afastam também a demasiada preocupação do fervor sensível e certas inquietações relativas à confissão.

Guia-te pelo conselho das pessoas prudentes; desterra do coração a ansiedade e o escrúpulo que matam a piedade e estorvam a graça de Deus.

Por uma pequena perturbação ou peso de consciência, não te prives da sagrada comunhão; antes vai logo confessar-te e perdoa sinceramente as ofensas recebidas.

Se ofendeste alguém, pede-lhe humildemente perdão e Deus também, de bom grado, te há de perdoar.

4. De que serve adiar tanto a confissão ou diferir a sagrada comunhão?

Purifica-te quanto antes; vomita logo o veneno, toma depressa o remédio e te sentirás melhor do que se diferisses por longo tempo.

Se hoje te impede um motivo, amanhã se apresentará talvez outro maior e assim te irás afastando por muito tempo da comunhão e tornando-te cada vez menos disposto para recebê-la.

Não percas um instante, sacode logo este peso e indolência; que aproveita andar sempre atribulado, vive sempre ansioso e, por estes obstáculos de cada dia, privar-te dos divinos mistérios?

O que, pelo contrário, muito prejudica é adiar por largo tempo a comunhão; porque isto costuma produzir profundo torpor.

Que tristeza ver cristãos tíbios e relaxados, que gostam de espaçar as confissões e, portanto, de diferir as comunhões para não se verem obrigados a maior vigilância sobre si mesmos!

5. Ai! Como é pouco o amor e tênue a devoção dos que com tanta facilidade descuidam a sagrada Comunhão!

Como é feliz, pelo contrário, e agradável a Deus, aquele que vive de tal modo e tão pura conserva a sua consciência que estaria disposto e desejaria comungar todos os dias, se lhe fora permitido e o pudesse fazer sem causar reparo.

Se alguém, uma vez ou outra, deixa de comungar por humildade ou por uma razão legítima, é reverência que merece louvor.

Quando, porém, se lhe vai insinuando tibieza, deve logo estimular-se e fazer o que está em suas mãos; Deus, que considera especialmente a boa vontade, virá logo em seu auxílio.

6. Se sobrevier impedimento legítimo, conserve sempre a boa vontade e a santa intenção de comungar; assim não ficará privado do fruto do sacramento.

Nada impede, na verdade, que todo fiel possa, em qualquer dia e hora, comungar espiritualmente com fruto.

Deverá, porém, em certos dias e no tempo marcado, receber sacramentalmente, com afeto e reverência, o corpo de seu Redentor, buscando nisso mais a honra e glória de Deus que a própria consolação.

E tantas vezes comunga misticamente e se alimenta de modo invisível de Jesus Cristo, quantas recorda, com piedade, os mistérios de sua Encarnação e Paixão e se abrasa no seu amor.

7. Quem não se prepara senão quando se aproxima alguma festa ou o costume o obriga, muitas vezes poderá ser achado mal preparado.

Feliz daquele que se oferece em holocausto ao Senhor todas as vezes que celebra ou comunga.

Ao celebrar não sejas nem muito vagaroso, nem muito apressado, mas conforma-te com a boa medida comum àqueles com quem vives.

Não deves cansar os outros ou causar-lhes enfado; segue o caminho ordinário traçado pelos nossos maiores e atende mais à utilidade de todos que à tua inclinação e devoção particular.

CAPÍTULO XI

QUE O CORPO DE CRISTO E A SAGRADA ESCRITURA SÃO DE GRANDE NECESSIDADE À ALMA FIEL

1. ALMA FIEL. Dulcíssimo Senhor Jesus, que doçuras saboreia a alma devota admitida ao vosso convívio, onde não lhe é dado a comer outro alimento senão Vós mesmo, único Amado seu, aspiração suprema dos desejos de seu coração!

Também a mim me seria grato derramar, na vossa presença, lágrimas de amor e, como a piedosa Madalena, banhar os vossos pés com o meu pranto.

Mas onde encontrarei uma devoção assim? Onde tão copiosa efusão de lágrimas santas?

Certamente na vossa presença e na de vossos santos anjos deveria o meu coração abrasar-se todo e chorar de alegria; no Sacramento tenho-Vos realmente, embora oculto sob espécies alheias.

2. No esplendor próprio da vossa Divindade meus olhos não seriam capazes de contemplar-Vos, e o mundo todo esvaeceria ante o fulgor e a glória de vossa majestade.

Condescendeis com minha fraqueza quando Vos ocultais no sacramento.

Mas possuo verdadeiramente e adoro Aquele a quem no céu adoram os anjos; eu, por enquanto, através da fé, eles diretamente e sem véu.

E preciso que me contente com a luz da verdadeira fé e caminhe à sua claridade até que desponte a aurora do dia eterno e se dissipem as sombras das figuras (Ct 2,17).

Quando chegar o que é perfeito (1Cor 13,10), cessará o uso dos sacramentos, porque do remédio sacramental não precisarão os bem-aventurados na glória do céu.

Gozam sem fim na presença de Deus contemplando, face a face, a sua glória; e, de claridade, em claridade, transformados nas profundezas divinas, fruem a visão do Verbo de Deus, feito carne, tal como foi no princípio e será para toda a eternidade.

3. À lembrança destas maravilhas tudo me causa fastio, até as consolações espirituais. Enquanto não contemplar o meu Senhor, abertamente, na sua glória, em nada estimo tudo o que vejo e tudo o que ouço neste mundo.

Vós, meu Deus, me sois testemunha de que não encontro consolação em coisa alguma, descanso em nenhuma criatura; só em Vós, meu Deus, a quem desejo contemplar eternamente.

Mas isto não é possível enquanto viver neste corpo mortal.

É preciso, pois, que me arme de grande paciência e a Vós me submeta em todos os meus desejos.

Os vossos Santos, Senhor, que hoje exultam convosco no reino do céu, esperaram, durante a vida, com grande fé e paciência, o advento de vossa glória. O que eles creram, eu creio; espero o que esperaram; aonde chegaram, tenho também, auxiliado com a vossa graça, a confiança de chegar um dia.

No entretanto, confortado com os seus exemplos, caminharei à luz da fé.

Para consolação e espelho da minha vida terei também os livros sagrados; e, acima de tudo, para meu singular remédio e meu refúgio vosso santíssimo Corpo.

4. Sinto que, neste mundo, duas coisas me são extremamente necessárias; sem elas, ser-me-ia insuportável o peso desta miserável vida. Encerrado no cárcere do corpo, preciso de alimento e luz.

Por isto destes a este enfermo a vossa carne sagrada para alimentar-lhe a alma e o corpo; e a *vossa palavra* é um facho que ilumina meus passos (Sl 118,105).

Sem essas duas coisas não me seria possível viver bem: a palavra de Deus é a luz da alma, o vosso sacramento, o pão da vida.

Podem ainda comparar-se às duas mesas, colocadas a um e outro lado do tesouro da santa Igreja.

Numa delas, a do altar sagrado, está o Pão-Santo, isto é, o precioso Corpo de Cristo.

Na outra, a lei de Deus, que contém a doutrina santa, ensina a verdadeira fé e guia com segurança até o interior do véu onde está o Santo dos Santos.

Graças Vos dou, Senhor Jesus, luz da eterna luz, por nos haverdes aparelhado pelo ministério dos vossos servos, os profetas, os apóstolos e os outros doutores, esta mesa da sagrada doutrina.

5. Graças Vos dou, Criador e Redentor dos homens, que, para manifestardes ao mundo a vossa caridade, preparastes a grande Ceia, na qual nos ofereceis por alimento, não o cordeiro simbólico, mas o vosso santíssimo Corpo e Sangue.

Neste sagrado banquete, de que conosco participam os santos Anjos, porém, com mais feliz suavidade, alegrais todos os fiéis, inebriando-os com o cálice da salvação, em que se acham todas as delícias do paraíso.

6. Oh! Como é sublime e honroso o ministério do sacerdote quem é dado, com as palavras divinas, consagrar o Deus de majestade; bendizê-lo com seus lábios; tê-lo nas mãos; recebê-lo na própria boca e distribuí-lo aos outros.

Oh! Quão inocentes devem ser as mãos, quão pura a boca, quão santo o corpo, quão imaculado o coração do sacerdote em que entra tantas vezes o Autor da pureza!

Da boca do sacerdote, que tão amiúde recebe o sacramento de Cristo, não deve sair palavra que não seja santa, honesta e útil.

7. Simples e castos sejam os olhos, que tantas vezes contemplam o Corpo de Cristo; puras e elevadas para o céu, as mãos que tocam habitualmente o Criador do céu e da terra.

É especialmente aos sacerdotes que se diz na Lei: *sede santos, porque Eu, o Senhor, vosso Deus, sou santo* (Lv 19,2).

8. Assista-nos a vossa graça, ó Deus onipotente, para que nós que assumimos o ministério sacerdotal possamos servir-Vos digna e devotamente na pureza de uma boa consciência.

E se não podemos viver com inocência tão perfeita como devêramos, concedei-nos, ao menos, a graça de chorar sinceramente as faltas que cometemos e, com espírito de humildade, formar o bom propósito de Vos servir daqui por diante com maior fervor.

Capítulo XII

DA GRANDE DILIGÊNCIA COM QUE SE DEVE PREPARAR QUEM VAI RECEBER A CRISTO

1. JESUS CRISTO. Eu sou amigo da pureza e de Mim vem toda a santidade.

Busco o coração puro e aí é o lugar de meu repouso.

Prepara-me um cenáculo grande e bem ornado e celebrarei em tua casa a Páscoa com os meus discípulos (Mc 14,14-15).

Se queres que venha a ti e fique contigo, *purificai-vos do velho fermento* (1Cor 5,7) e limpa a morada de teu coração.

Desterra os pensamentos do século e o tumulto dos vícios.

Como o pardal que geme solitário no telhado (Sl 101,8), recolhe-te e lembra os teus pecados na amargura da tua alma.

Quem ama alguém prepara-lhe o melhor e mais belo aposento e assim lhe dá a conhecer o amor com que o recebe.

2. Fica sabendo, porém, que, por teus próprios esforços, não te poderias preparar dignamente, ainda que empregasses um ano inteiro, sem outra coisa no pensamento.

Só por minha bondade e graça te é permitido chegar à minha mesa, como um mendigo convidado ao banquete de um rico que, em retribuição deste benefício, só tem humildade e agradecimento.

Faze o que está em ti e faze-o com diligência. Não por costume ou necessidade, mas com temor, respeito e afeto recebe o Corpo de teu Deus e Senhor amado que se digna vir a ti.

Fui Eu que chamei, Eu que te mandei vir; suprirei o que te falta, vem e recebe-me.

3. Quando te concedo a graça da devoção, agradece a Deus; não que a tenhas merecido, senão que tive piedade de ti.

Se não a recebes, antes sentes aridez, insiste na oração, geme, bate à minha porta e não desistas até obter uma migalha ou uma gota da minha graça salutar.

Tu precisas de Mim; Eu não preciso de ti. Tu não vens a Mim para santificar-me; mas Eu venho a ti para tornar-te melhor e mais santo.

Vens para seres santificado por Mim e a Mim te unires; para que recebas um aumento de graça e te inflames no ardor de tua emenda.

Não menosprezes esta graça, mas prepara com toda a diligência o teu coração e em ti acolhe o teu Amado.

4. Importa, porém, que não só antes da Comunhão te excites ao fervor, senão que o conserves com cuidado depois da recepção do Sacramento.

Não é menos necessária, depois, a vigilância do que o é, antes, a devota preparação; esta vigilância é, por sua vez, a melhor preparação para obter maior graça. E muito mal disposta se torna a alma que, logo após a comunhão, se derrama em demasia nas consolações exteriores.

Guarda-te de falar muito, recolhe-te em lugar retirado e goza de Deus; tens em ti Aquele que o mundo inteiro não te pode arrancar.

Eu sou Aquele a quem te deves dar totalmente, de modo que, livre de toda solicitude, já não vivas em ti, senão em Mim.

CAPÍTULO XIII

QUE A ALMA DEVOTA DEVE DESEJAR DE TODO O CORAÇÃO A UNIÃO COM CRISTO NO SACRAMENTO

1. ALMA FIEL. Quem me dera, Senhor, achar-me a sós convosco para abrir-Vos todo o meu coração e gozar de Vós como deseja a minha alma, de modo que ninguém me despreze, criatura alguma me preocupe ou lance sobre mim os seus olhos; mas só Vós me faleis e eu a Vós, como costuma um amante conversar com seu amante e um amigo sentar-se à mesa com seu amigo.

O que peço, o que desejo é unir-me todo a Vós, desprender o meu coração de todas as coisas criadas, e, por meio da Sagrada Comunhão e da celebração frequente dos divinos mistérios, aprender a saborear as coisas celestes e eternas.

Ah! Meu Deus e Senhor! Quando, esquecido inteiramente de mim, me verei de todo unido a Vós, e absorto em Vós?

Vós em mim, eu em Vós! fazei que assim permaneçamos unidos.

2. Sois verdadeiramente o meu Amado, escolhido entre mil (Ct 5,10), com Quem se compraz a minha alma de habitar todos os dias de sua vida.

Sois o Rei pacifico; em Vós, a paz soberana e o verdadeiro repouso, fora de Vós o trabalho, a dor e a miséria infinita.

Verdadeiramente sois o Deus escondido (Is 45,15); Vós Vos afastais dos ímpios e falais com os simples e humildes.

Como é suave, Senhor, o vosso espírito! Para mostrardes aos vossos filhos toda a vossa ternura, dignai-Vos alimentá-los com o Pão suavíssimo que desceu dos Céus (Ofic. do SSmo. Sacram.).

Na verdade, nenhuma nação, por grande que seja, tem seus Deuses tão perto de si como Vós, Deus nosso, o estais (Dt 4,7) de todos os vossos fiéis, aos quais Vos dais, todos os dias, como alimento para consolá-los e levar-lhes o coração ao céu.

3. Que povo se pode comparar ao povo cristão? Que criatura haverá debaixo do céu tão querida como a alma fervorosa, a quem Deus se comunica para nutri-la com sua carne gloriosa?

Oh! Graça inefável! Oh! Admirável condescendência! Oh! Amor infinito de que foi o homem singularmente favorecido!

E que darei ao Senhor por esta graça, por tão exímia caridade?

Nada poderei oferecer ao meu Deus mais agradável do que dar-Lhe, sem reservas, e unir-Lhe intimamente o meu coração.

Quando com Deus estiver perfeitamente unida a minha alma, exultarão de alegria as minhas entranhas.

Então dir-me-á Ele: Se queres ficar comigo, também eu quero ficar contigo.

E eu responderei: Dignai-Vos, Senhor, permanecer comigo, de toda a minha vontade quero estar convosco.

Todo o meu desejo é que a Vós se una o meu coração.

CAPÍTULO XIV

DO DESEJO ARDENTE QUE TEM ALGUMAS ALMAS SANTAS DE RECEBER O CORPO DE CRISTO

1. ALMA FIEL. *Quão grande é, Senhor, vossa bondade, que reservastes para os que vos temem* (Sl 30,20).

Quando considero, Senhor, com que devoção e amor se aproximam do vosso Sacramento algumas almas santas, fico muitas vezes confuso e envergonhado de mim mesmo, ao ver que com tanta tibieza e frieza me chego ao vosso altar e à mesa da Sagrada Comunhão; que fico tão seco e tão sem ternura de coração; que não me sinto tão abrasado em vossa presença, ó meu Deus, nem atraído com tanto ardor e afeto como muitas almas fervorosas que, pelo intenso desejo de receber-vos e pelo amor sensível do seu coração, não podiam conter as lágrimas.

Do fundo da alma, com o coração e os lábios suspiravam por Vós, ó meu Deus, que sois a fonte de água viva. Nada lhes podia saciar ou mitigar a fome senão o vosso Corpo sagrado que recebem com toda a doçura e avidez espiritual.

2. Oh! Fé verdadeira e ardente a dessas almas, prova viva de vossa sagrada presença!

Reconhecem na verdade o seu Senhor no partir do pão (Lc 24,35), esses cujo coração arde tão intensamente quando Jesus caminha com eles.

Muitas vezes, quão longe de mim, devoção tão terna, amor tão veemente e tão fervoroso!

Sede-me propício, ó bom, ó doce, ó misericordioso Jesus; concedei ao vosso pobre mendigo a graça de sentir, ao menos algumas vezes, na sagrada comunhão, um pouco da cordial suavidade do vosso amor para que se fortaleça a minha fé, cresça a esperança na vossa bondade e, uma vez perfeitamente abrasada pelo gosto do maná celeste, nunca em mim desfaleça a caridade.

3. Bem pode vossa misericórdia conceder-me a graça que eu desejo, e, no dia que for do vosso agrado, visitar-me na vossa clemência, com o espírito de fervor.

Ainda que não sinta desejo tão ardente como a dessas almas privilegiadas, contudo, por graça vossa, suspiro por este grande e inflamado desejo, implorando e almejando o favor de ser contado entre os que vos amam com tanto fervor e ser incluído em sua santa companhia.

CAPÍTULO XV

QUE A GRAÇA DA DEVOÇÃO SE ALCANÇA COM A HUMILDADE E A ABNEGAÇÃO DE SI MESMO

1. JESUS CRISTO. Deves buscar com diligência a graça da devoção, implorá-la com instância, esperá-la com paciência e confiança, recebê-la com gratidão, conservá-la com humildade, com ela cooperar solicitamente, e deixar a Deus, até que venha, o tempo e o modo da visita do alto.

Deves humilhar-te principalmente quando experimentas pouca ou nenhuma devoção interior, sem, entretanto, abater-te em demasia ou entristecer-te desordenadamente.

Muitas vezes, concede Deus em um momento o que por largo tempo havia negado; outras dá, no fim da oração, o que recusara no princípio.

2. Se a graça fosse sempre dada sem demora e na medida dos nossos desejos, não seria isto conveniente à fraqueza do homem.

Cumpre, por isso, aguardar com firme confiança e humilde paciência a graça do fervor.

Quando, porém, ela te for recusada ou subtraída ocultamente, deita a culpa a ti e a teus pecados.

É, às vezes, bem pequena coisa o que impede e oculta a graça, se todavia se pode chamar pequena coisa, e não mui importante, a que nos priva de tão grande bem.

Grande ou pequeno, quando houveres removido e vencido perfeitamente este obstáculo, terás o que pediste.

3. Quando te houveres entregado a Deus de todo o coração e, sem procurares mais isto ou aquilo para satisfazer a tua vontade ou o teu capricho, te abandonares inteiramente em suas mãos, logo te sentirás unido a Ele e em paz, porque nada te será grato ou agradável como o beneplácito da sua divina vontade.

Aquele, pois, que, com simplicidade de coração, eleva a sua intenção a Deus e se desprende de todo amor ou aversão desregrada às criaturas, está disposto a receber a graça e digno da mercê do fervor.

O Senhor enche de suas bênçãos os vasos que encontra vazios.

E quanto mais perfeitamente renuncia uma alma às coisas da terra e morre a si pelo desprezo de si mesmo, tanto mais prontamente e em abundância lhe advém a graça e tanto mais alto lhe eleva o coração livre.

4. *Essa visão te tornará radiante; teu coração palpitará e se dilatará* (Is 60,5); porque com ele estará o Senhor, a quem ele se entregou inteiramente e para sempre.

Assim será abençoado aquele que teme o Senhor (Sl 127,4) que busca a Deus de todo o coração e cuja alma não se ocupou de coisas vãs.

Esse, ao receber a sagrada Eucaristia, merece alcançar a grande graça da união com Deus, porque não considera a devoção e consolação própria, mas, acima de tudo, a honra e glória de Deus.

CAPÍTULO XVI

DE QUE DEVEMOS EXPOR A CRISTO AS NOSSAS NECESSIDADES E PEDIR-LHE A SUA GRAÇA

1. ALMA FIEL. Ó dulcíssimo e amantíssimo Senhor, a quem agora desejo receber devotamente, bem conheceis a minha fraqueza e as necessidades que padeço; bem sabeis em quantos males e vícios estou mergulhado, quantas vezes me vejo oprimido e tentado, perturbado e manchado.

Em procura de remédio venho a Vós; de Vós imploro consolação e alívio.

Dirijo-me a quem tudo sabe, conhece os meus mais íntimos segredos; e é o único que me pode perfeitamente consolar e socorrer.

Sabeis os bens de que mais preciso e como sou pobre em virtudes.

2. Eis-me aqui, pobre e despido, diante de Vós, pedindo a graça e implorando misericórdia.

Dai de comer ao vosso mendigo que tem fome; aquecei a minha frieza nas chamas do vosso amor; iluminai a minha cegueira com a claridade de vossa presença.

Transformai-me em amargura todos os bens da terra; em provas de paciência todas as penas e contrariedades; em objeto de desprezo e esquecimento todas as coisas vis e criadas.

Erguei meu coração para Vós no Céu; e não me permitais que ande errante pela terra.

De ora em diante, para sempre, só em Vós ache eu doçura, porque só Vós sois meu alimento e minha bebida, meu amor e minha alegria, minhas delícias e todo o meu bem.

3. Quem dera me abrasasse todo a vossa presença, me consumisse e transformasse em Vós, para que me tornasse um só espírito convosco pela graça da união e pela efusão de um amor ardente.

Não permitais que me afaste da vossa presença faminto e sequioso, mas usai comigo da mesma misericórdia que tantas vezes, de modo tão maravilhoso, usastes com os vossos Santos.

Que maravilha, que, aproximando-me de Vós, me abrasasse e consumisse todo, se Vós sois o fogo que sempre arde e nunca se extingue, o amor que purifica os corações e ilumina a inteligência!

CAPÍTULO XVII
DO ARDENTE AMOR E VEEMENTE DESEJO DE RECEBER A CRISTO

1. ALMA FIEL. Com toda a piedade e ardente amor, com todo o afeto e fervor do coração desejo receber-Vos, Senhor, como Vos desejaram na Comunhão muitos Santos e almas devotas que tanto vos agradaram pela santidade da vida e pelo fervor da piedade.

Oh! Meu Deus! Amor eterno! Meu único Bem! Felicidade interminável, desejo receber-Vos com o mais vivo fervor e a mais digna reverência que jamais teve ou pôde sentir algum Santo.

2. E, ainda que indigno destes sentimentos de piedade, ofereço-Vos, contudo, todo o afeto de meu coração como se eu só me sentira animado de todos estes inflamados desejos que tanto vos agradam.

E, quanto pode conceber e desejar uma alma piedosa, tudo Vos apresento e ofereço com profundo acatamento e entranhável fervor.

Para mim nada quero reservar; antes, espontaneamente e de todo o meu coração, desejo sacrificar-Vos a minha pessoa e tudo o que me pertence.

Senhor meu Deus, Criador e Redentor meu, desejo receber-Vos hoje com tanto afeto e reverência, com tantos louvores e honras, com a gratidão, dignidade e amor, com a mesma fé, esperança e pureza como Vos recebeu e desejou vossa Mãe Santíssima, a gloriosa Virgem Maria, quando, ao Anjo que lhe anunciava o mistério da Encarnação, respondeu humilde e devotamente:

Eis aqui a serva do Senhor, faça-se em mim segundo a tua palavra (Lc 1,38).

3. E, como S. João Batista, vosso precursor e o maior dos Santos, quando ainda encerrado no seio materno, exultou de alegria em vossa presença, cheio do gozo do Espírito Santo e, mais tarde, vendo-Vos, meu Jesus, passar entre os homens, humilhando-se profundamente dizia com terno amor: o amigo do esposo que está junto dele e o escuta

enche-se de regozijo, porque escuta a voz do esposo (Jo 3,29); assim anelo eu ser inflamado dos mais santos e ardentes desejos e oferecer-me a Vós com todo o meu coração.

Por isso ofereço-Vos e apresento-Vos todas as alegrias, os ardentes afetos e os êxtases, as ilustrações sobrenaturais e as visões celestes de todas as almas santas, juntamente com os seus merecimentos e com as homenagens que Vos tributaram e hão de tributar todas as criaturas no céu e na terra; por mim e por todos aqueles que se recomendaram às minhas orações, a fim de que Vos louvem dignamente e Vos glorifiquem para sempre.

4. Recebei, Deus e Senhor meu, os meus votos e o desejo de Vos louvar e bendizer, com o amor imenso, infinito, que é devido à vossa inefável grandeza.

Eis o que Vos ofereço e desejo oferecer-Vos cada dia e a cada momento; e convido e rogo com instância e afeto a todos os espíritos celestes e a todos os vossos fiéis servos para que, unidos a mim, Vos louvem e agradeçam,

5. Louvem-Vos todos os povos, todas as tribos e línguas e, em transportes de alegria e de amor, celebrem o vosso doce e santo Nome.

Graças e misericórdia mereçam encontrar em Vós todos os que, com reverência e devoção, celebram o vosso altíssimo Sacramento ou com plena fé o recebem; e orem instantemente por mim.

E, quando houverem alcançado a graça da suspirada devoção e da união fruitiva, e, maravilhosamente consolados e satisfeitos, se retirarem da sagrada mesa, dignem-se de lembrar-se de mim, que sou pobre.

CAPÍTULO XVIII

DE QUE O HOMEM NÃO DEVE INVESTIGAR CURIOSAMENTE O SACRAMENTO, MAS SER HUMILDE IMITADOR DE CRISTO, SUBMETENDO O SEU ENTENDIMENTO À SAGRADA FÉ

1. JESUS CRISTO. Guarda-te da investigação curiosa e inútil acerca deste profundíssimo Sacramento, se não queres afundar em um abismo de dúvidas.

O que ousa perscrutar a Majestade divina será oprimido pela sua glória (Pr 25,27).

Mais pode Deus realizar do que o homem compreender.

Não se proíbe a humilde e piedosa inquisição da verdade, a quem está sempre disposto a ser instruído e a seguir a sã doutrina dos Santos Padres.

2. Bem-aventurada a simplicidade que, deixando a senda difícil das questões, trilha a estrada plana e segura dos mandamentos de Deus.

Muitos perderam a piedade por querer esquadrinhar coisas superiores à sua inteligência.

De ti se exige fé e vida pura, não sublimidade de inteligência ou profunda penetração dos mistérios de Deus.

Se não entendes nem alcanças o que está abaixo de ti, como compreenderás o que está acima?

Submete-te a Deus, sujeita à fé tua razão e receberás a luz da ciência na medida que te for útil e necessária.

3. Alguns são gravemente tentados contra a fé e o Sacramento; mas isso não se lhes deve imputar a eles, mas ao inimigo.

Não te preocupes nem discutas com os teus pensamentos, nem respondas às dúvidas sugeridas pelo inimigo; crê na palavra de Deus, crê nos seus Santos e profetas e de ti fugirá o espírito do mal.

Muitas vezes é de grande proveito ao servo de Deus passar por estas provações: porque o demônio não tenta os infiéis e pecadores, que já os tem seguros; tenta, porém, e atormenta de mil maneiras as almas fiéis e devotas.

4. Vai, pois, com fé simples e inabalável e com humilde reverência, achega-te ao Sacramento; e o que não consegues compreender, cheio de confiança, encomenda-o a Deus, que tudo pode.

Deus não engana; engana-se quem de si presume.

Deus anda com os simples, revela-se aos humildes, *dá sabedoria aos simples* (Sl 118,130), ilumina as almas puras, e aos curiosos e soberbos esconde a sua graça.

Fraca é a razão do homem e pode enganar-se, mas a verdadeira fé não pode ser enganada.

5. O raciocínio e quaisquer investigações naturais devem seguir a fé, não precedê-la ou impugná-la.

A fé e o amor aqui triunfam magnificamente, e por vias misteriosas, operam neste santíssimo e augustíssimo Sacramento.

Deus eterno, imenso, infinitamente poderoso opera, no céu e na terra, coisas grandes e incompreensíveis e ninguém há que possa penetrar as suas maravilhas.

Se tais fossem as obras de Deus que facilmente as pudesse compreender a razão do homem, não seriam maravilhosas nem se poderiam chamar inefáveis.

A. M. D. G.

Deo Gratias.